Dr. John Coleman

O CLUBE DE ROMA

O GRUPO DE REFLEXÃO DA NOVA ORDEM MUNDIAL

John Coleman

John Coleman é um autor britânico e antigo membro dos Serviços Secretos de Inteligência. Coleman produziu várias análises do Clube de Roma, da Fundação Giorgio Cini, da Forbes Global 2000, do Colóquio Interreligioso para a Paz, do Instituto Tavistock, da Nobreza Negra e outras organizações que se aproximam do tema da Nova Ordem Mundial.

O CLUBE DE ROMA

O GRUPO DE REFLEXÃO DA NOVA ORDEM MUNDIAL

THE CLUB OF ROME
The Think Tank of the New World Order

Traduzido do inglês e publicado pela Omnia Veritas Limited

www.omnia-veritas.com

O Clube de Roma (COR) é o principal think tank da Nova Ordem Mundial que era desconhecido na América até que o Dr Coleman o expôs pela primeira vez em 1969 e o publicou com o mesmo título em 1970. Criada a pedido do Comité dos 300, a sua existência foi negada até às celebrações do aniversário da sua fundação em Roma, 25 anos mais tarde. O Comité das Regiões desempenha um papel fundamental em todos os planos do governo dos EUA, internos e externos. Não tem nada a ver com Roma, Itália ou a Igreja Católica.

CAPÍTULO 1

ECOS DA REVOLUÇÃO FRANCESA

A fim de começarmos a compreender os acontecimentos mundiais, é necessário compreendermos que os muitos acontecimentos trágicos e explosivos do século XX não aconteceram por si só, mas foram planeados de acordo com um padrão bem estabelecido. Quem foram os planificadores e criadores destes grandes eventos?

Os criadores destas revoltas frequentemente violentas e revolucionárias pertencem na sua maioria a sociedades secretas que infestam o nosso mundo, como sempre fizeram. Na maioria das vezes, estas sociedades secretas baseiam-se nas práticas ocultistas e iniciáticas, mas como todas as sociedades secretas que constituem governos secretos, são controladas pelo Comité dos 300.[1] Os desinformados, que acreditam que a adoração do diabo, demónios e bruxaria desapareceram da sociedade moderna, estão desinformados. Hoje em dia, as sociedades secretas baseadas no ocultismo, bem como o luciferianismo, a magia negra e o vudu, estão a florescer e parecem estar muito mais difundidas do que se pensava inicialmente.

[1] *A hierarquia dos conspiradores - História do Comité de 300*, Omnia Veritas Ltd, www.omnia-veritas.com

É a tolerância destas sociedades secretas no nosso meio, muitos dos seus líderes disfarçados de cristãos, juntamente com a nossa atitude permissiva para com estas organizações e os seus líderes, que é a causa dos nossos problemas, nacionais e internacionais. Todos os problemas, todas as revoluções e todas as guerras podem inevitavelmente ser atribuídos a uma ou outra ou a uma combinação de várias sociedades secretas. O segredo aponta para um problema, pois se as sociedades secretas trabalhavam para o bem do indivíduo e do Estado, porquê a necessidade de um segredo tão profundo pelo qual se escondem, as suas organizações e as suas acções? Recordo que a prática do vudu, atribuída à África negra, teve na realidade origem em Jethro, o etíope. Tal como o vudu, a maioria das práticas ocultas e as sociedades secretas que as acompanham são anti-cristãs, e não apresentam desculpas por isso, embora alguns membros da Maçonaria tentem esconder ou esconder os seus ensinamentos anti-cristãos.

No entanto, para o seu crédito, os Maçons britânicos compreendem que Cristo era muito mais do que um líder religioso. Os maçons acreditam que Cristo veio para mudar a face do mundo e que ele se opôs às sociedades secretas. É por isso que tantas sociedades secretas voltam os seus adeptos contra o cristianismo. Assim que Cristo iniciou o seu ministério, o gnosticismo surgiu em oposição aos ideais perfeitos do cristianismo. Cristo avisou o mundo que não estamos a lutar contra a carne e o sangue, mas contra as forças das trevas e da maldade espiritual em lugares altos. Isto significa que a linha de fundo da nossa luta contra o comunismo, o marxismo, o socialismo, o liberalismo e um governo mundial é uma luta espiritual. Mostrem-me uma sociedade secreta e eu mostrar-vos-ei uma teocracia ocultista que odeia Cristo. Cristo disse: **"Conhece a verdade e a verdade te fará livre".**

Note-se que Cristo usou o imperativo. Cristo falava de pessoas que foram escravizadas a sociedades secretas - como são hoje - tão comuns que são desprezadas pelos governantes de teocracias ocultas, que não têm qualquer utilidade para elas excepto como servos e escravos.

Estes líderes acham perfeitamente normal matar milhões de pessoas que consideram "excedentárias às necessidades". Esta filosofia maléfica de "matar" infiltrou-se no exército americano através de homens como Richard Cheney, Donald Rumsfeld, Richard Perle e Paul Wolfowitz. É um conceito totalmente estranho que não tem lugar numa forma republicana de governo. Os líderes das sociedades secretas do mal ameaçam toda a nossa civilização. Alguns dos cultos secretos muito activos nos nossos dias são o Gnosticismo, o culto de Dionísio e o tema deste livro, o culto do Clube de Roma. Mas devo voltar ao ponto de partida deste trabalho, que está na história moderna sob o título de "A Revolução Francesa".

Os livros de história moderna não ensinam que a chamada Revolução Francesa tem as suas raízes em Inglaterra, onde um demonista, William Petty, o Conde de Shelburne, treinou os economistas Malthus e Adam Smith da British East India Company (BEIC), bem como os assassinos em massa Danton e Marat. Depois de passar tempo com Shelburne em Inglaterra, Danton e Marat foram levados para Paris para serem libertados num povo francês indefeso e insuspeito e na monarquia numa orgia de desejo de sangue. Anos mais tarde, Lord Alfred Milner deveria libertar Lenine numa Rússia cristã insuspeita, numa cópia quase a carbono da Revolução Francesa.

A força motriz por detrás da Revolução Francesa foi uma sociedade secreta chamada Illuminati, orquestrada pelo

Qator Coronati Freemason Lodge em Londres e pelo Nine Sisters Freemason (Orient) Lodge em Paris. Uma breve história dos Illuminati é essencial se quisermos compreender como é que o Clube de Roma foi formado. As origens dos Illuminati não são unânimes, mas é geralmente aceite que os Illuminati tiveram origem nos Rosacruzes, os chamados mestres de muitos segredos como a Pedra Filosofal, que os Rosacruzes afirmam ter recebido dos antigos Caldeus, dos Magos e do sacerdócio egípcio.

Os rosacruzes afirmam que podem proteger a vida humana através do uso de certos narcóticos e também afirmam ser capazes de restaurar a juventude. São também conhecidos como "os Imortais" e ensinam-lhes que todos os mistérios lhes foram revelados. No início eram conhecidos como os "Irmãos Invisíveis" e mais tarde como os "Irmãos dos Rosacruzes". Um ramo dos Rosacruzes chama-se a si próprio "Swedenborg Rite" ou "Stockholm Illuminati". Foi fundada em 1881 por Emmanuel Swedenborg, um Mestre Mason, cuja assinatura ainda aparece na lista de membros do Lodge em Lund, Suécia, onde nasceu Swedenborg. O Rito Swedenborg é apenas uma modificação da Ordem Abingdon dos Illuminati, estabelecida em 1783. Então, como agora, eram a nata da realeza, da nobreza e da alta sociedade que eram os líderes desta ordem secreta. Mas a ordem principal dos Illuminati foi fundada na Baviera a 1er de Maio de 1776 por um certo Adam Weishaupt, professor de direito canónico na Universidade de Ingolstadt.

Weishaupt foi um produto da educação jesuíta, e o Illuminati é muito semelhante à Ordem da Cruz de Ouro. Mais uma vez, o Iluminismo está claramente ligado à maçonaria, à Ordem dos Rosacruzes, aos Cavaleiros Templários - ou à Ordem Francesa dos Graus Maçónicos. Por detrás de todas estas ordens estava Moses Mendelssohn, um estudante da Kabbalah, cujo objectivo declarado era estabelecer um governo mundial - a Nova Ordem Mundial. A principal actividade dos Illuminati era, e ainda é, travar uma guerra contra o cristianismo, uma batalha que eles travam através de acusações vergonhosas contra a vida e os ensinamentos de Cristo. Politicamente falando, os Illuminati trabalham para derrubar a ordem existente de todos os governos, especialmente os que praticam a religião cristã. Os seus membros estão empenhados na obediência cega aos seus superiores e aos seus planos secretos e revolucionários para estabelecer a Nova Ordem Mundial, que começou a funcionar com a Revolução Francesa.

Os planos dos Illuminati para destruir a monarquia cristã de França foram descobertos quando um mensageiro Illuminati chamado Jacob Lang foi morto por um raio enquanto montava o seu cavalo para entregar instruções revolucionárias aos alojamentos bávaros. Os papéis de Lang caíram subsequentemente nas mãos das autoridades bávaras, e mais tarde foi também descoberta uma caixa de ferro cheia de papéis com pormenores sobre o próximo enredo contra a França. O iluminismo foi introduzido em França pelo Marquês de Mirabeau e mais tarde adoptado pelo Duque de Orleães, Grão Mestre da Maçonaria do Grande Oriente em França. Foi também decidido induzir Talleyrand, uma das figuras mais notáveis do seu tempo, no Iluminismo. Um dos actos de putridez praticados pelos aderentes da Ordem dos Illuminati é a castração. Janos Kadar, o antigo ditador da Hungria, anunciou publicamente que tinha de facto sido submetido a este rito.

CAPÍTULO 2

CROWLEY, LÚCIO E MAZZINI

Nem a Maçonaria nem o Iluminismo se extinguiram. Alguns nos círculos de inteligência acreditam que ambos são mais fortes hoje do que eram na época da Revolução Francesa.

As mortes dos líderes mundiais dos Iluministas/Masons, Guiseppe Mazzini e Albert Pike, não assinalaram qualquer mudança no crescimento e direcção destas duas organizações.

Sem dúvida que alguns ficarão ofendidos com as minhas referências à maçonaria. Não pretendo ofender os maçons. Estou simplesmente a tentar apresentar um relato preciso de como e porquê certos acontecimentos no mundo ocorrem.

Os maçons americanos afirmam erradamente que a sua alvenaria difere da alvenaria europeia. Permitam-me corrigir este erro: Os cabalistas rosacruzes, Leon Templer e Jacob Leon, desenharam conjuntamente a Grande Loja Inglesa de Alvenaria, bem como o seu emblema.

Existe uma ligação clara entre a alvenaria anglo-saxónica e a alvenaria oculta europeia do Grande Oriente. Digo "oculto" porque foi assim que o grande general alemão Ludendorff lhe chamou. A ligação entre a maçonaria

Rosacruz europeia e a maçonaria americana sempre foi estreita, e continua a ser ainda hoje.

Os três principais ritos maçónicos são:

- O Rito Escocês da Maçonaria que tem 33 graus.
- O Rito de Mizraim, ou Rito Egípcio, com 96 graus.
- O rito oriental que é basicamente o seguido pela maçonaria europeia.

John Harker, autor do *Grand Mystic Temple*, disse:

> *Nós ingleses juntámo-nos assim ao Rito Escocês, aliámo-nos ao Mizraim, e agora ao Memphis. No caso dos primeiros, estabelecemos relações com vários grandes conselhos supremos e revimos os estatutos de 1862 em vez da falsa constituição de 1786, no ano de 1884, em Mizraim, com os antigos corpos de Nápoles e Paris, e em Memphis com a América, Egipto, Roménia, e vários corpos que trabalham neste Rito. Também nestes três Ritos aceitámos cartas estrangeiras para confirmar os nossos poderes originais.*

Isto deve pôr fim à crença errada frequentemente citada pelos maçons americanos de que a alvenaria anglo-saxónica nada tem a ver com a alvenaria europeia. Harker deveria ter sabido disto, afinal de contas, uma vez que era o Grande Místico.

A 11 de Novembro de 1912, Harker foi eleito Grande Mestre Imperial, um grau superior ao 96 grau do Rito de Mizraim. Após a sua morte em 1913, foi sucedido por Henry Mayer e depois por Alistair Crowley, Grande Mestre Patriota dos 33 , 90 e 96 graus. Por conseguinte, é evidente que os maçons americanos são parte integrante da maçonaria europeia, quer o saibam ou não, e a verdade é que a maioria não o sabe. Crowley foi uma das figuras mais bestiais da história das sociedades secretas; um homem que iria influenciar grandemente as políticas do Clube de Roma (COR.).

Crowley gostava de citar Malthus e Adam Smith, empregados da Companhia Britânica das Índias Orientais (BEIC), agora conhecida como o Comité dos 300. Ambos os homens desempenharam um papel de liderança na campanha concertada do Rei Jorge III para arruinar os colonos americanos através da rua de sentido único do "comércio livre".

Malthus e Smith tornaram-se os "filhos preferidos" da ROC. É muito fácil ver a ligação entre os planos do BEIC e as actuais políticas do ROC, especialmente nas políticas de "crescimento zero pós-industrial" do ROC destinadas a acabar com o domínio industrial dos EUA. A religião de base seguida pelo Clube de Roma é o Gnosticismo e o culto aos Bogomils e aos cátaros. Os membros da monarquia britânica são crentes firmes nestas "religiões" e, em geral, é correcto dizer que os membros da família real não são certamente cristãos. É também bastante fácil ver a ligação com o "Comité dos 300".

Diz-se que Crowley participou em mais de 150 homicídios rituais, uma parte importante da demonologia oculta. A maioria das vítimas eram crianças, mortas com uma faca de prata. Estas práticas bestiais continuam até hoje, o que pode explicar o grande número de crianças desaparecidas que nunca são encontradas. Crowley ainda é muito admirado pela hierarquia ROC, tal como foi por muitas das principais figuras britânicas no caso da espionagem atómica. Anthony

Blunt, o Guardião da Arte da Rainha[2] (um título muito alto) antes de ser exposto como agente do KGB, era um grande devoto de Crowley.

O resultado final é que a maçonaria, desde o grau *Knight Kadosh*, é uma revolta permanente contra a ordem existente e é dedicada ao derrube do cristianismo e da República dos Estados Unidos da América - tal como a ROC. Enquanto a maçonaria continuar a florescer entre nós, o caos e a agitação continuarão, pois essa é a intenção e o propósito de todas as sociedades secretas revolucionárias. O moderno Clube de Roma é apenas uma sucessão contínua e ininterrupta de sociedades secretas cujo objectivo é a destruição da liberdade, o que ocorreu durante o período que agora conhecemos como a Idade das Trevas. É portanto seguro assumir que a ROC é um projecto da Nova Ordem Mundial - um governo mundial concebido para facilitar uma transição mais rápida para a escravatura universal conhecida como a Nova Era das Trevas, sob o controlo do Comité dos 300.

---

[2] Guardião da Arte da Rainha, Ndt.

CAPÍTULO 3

O QUE É O CLUBE DE ROMA?

O próprio nome foi escolhido para enganar os incautos, pois o Clube de Roma não tem nada a ver com o Vaticano ou com a Igreja Católica. Enquanto os malfeitores trabalham noite e dia, a América Cristã adormece. Quando escrevi a primeira edição deste livro em 1970, apenas um punhado de pessoas dos Serviços Secretos sabia da existência desta sociedade secreta mais poderosa nas mãos do Comité dos 300.

O Clube de Roma é composto pelos membros mais antigos da chamada Nobreza Negra da Europa, descendentes das antigas famílias que possuíam, controlavam e governavam Génova e Veneza no século 12 . São chamados "Nobreza Negra" devido ao seu uso de truques sujos, assassinato, terrorismo, comportamento antiético e adoração a Satanás - actos "negros". Nunca hesitaram em usar a força contra quem quer que fosse que ousasse atrapalhar o seu caminho, e isto não é menos verdade hoje do que foi durante o período entre 13 e 18 .

A nobreza negra veneziana está intimamente ligada ao "German Marshall Fund", outro nome - como o Clube de Roma - escolhido para enganar os incautos. A Nobreza Negra Veneziana é composta pelas famílias mais ricas e mais antigas de toda a Europa, a sua riqueza excede em muito a dos Rockefellers, por exemplo, e fazem parte do Comité dos 300, o organismo de controlo mais poderoso do mundo. Uma das mais antigas dinastias da nobreza negra veneziana é a dinastia Guelph. A Rainha Isabel II, por exemplo, é uma Guelph Negra - a sua bisavó Victoria era descendente desta família. A nobreza negra e a realeza europeia são membros proeminentes da ROC, que tem como objectivo a dissolução dos Estados Unidos como uma potência industrial e agrícola. Os seus outros objectivos não são tão visíveis e são de natureza mais complexa, por isso vou começar pelos pormenores da conferência especial da ROC e detalhar o que foi dito e quem o disse.

Como se para mostrar o seu total desprezo pela vitória de Ronald Reagan nas eleições de Novembro de 1980, o grupo escolheu reunir-se em Washington, D.C. De acordo com a acta da reunião secretamente registada por um oficial dos serviços secretos, a ordem de trabalhos era como melhor desmembrar o coração industrial dos Estados Unidos e livrar-se daquilo a que um delegado chamou "a população excedentária". Isto estava de acordo com o plano de Sir Bertrand Russell, tal como estabelecido abertamente no seu livro *O Impacto da Ciência na Sociedade.* Outras discussões centraram-se nos métodos de tomada de controlo dos assuntos internos dos Estados Unidos. Uma vez que muitos dos delegados provinham das velhas famílias de gentilezas negras ou tinham trabalhado para elas durante anos, as tácticas de sedição e terror discutidas representavam um desafio directo para o governo e o povo dos Estados Unidos.

O problema era que o povo americano nada sabia sobre este encontro de perigosos satraps da Nobreza Negra, e os chacais dos media não estavam preparados para os elucidar sobre a intenção e o objectivo do conclave. Foi um dos segredos mais bem guardados de todos os tempos. A conferência foi iniciada e financiada pelo Fundo Marshall alemão, composto pelos membros centrais do grupo de planeamento Morgenthau da Segunda Guerra Mundial, que são eles próprios controlados por três ou quatro membros da venerável Ordem de São João de Jerusalém.

Esta organização estava por detrás do plano de desindustrialização da Alemanha após a guerra, de a dividir e de transformar o que restava do país em terras agrícolas. A tentativa de erradicar completamente a nação alemã foi obra de Morgenthau, um sionista e um odiador violento da Alemanha. O Fundo Marshall alemão retirou os seus vastos recursos das empresas do Comité dos 300 e dos banqueiros internacionais de Wall Street e da City de Londres, as mesmas pessoas que financiaram a revolução bolchevique que estabeleceu o maior estado escravo do mundo e levou à morte atroz de milhões de cristãos, como relatou o famoso escritor Alexander Solzhenitsyn. O presidente do Fundo Marshall alemão foi David Rockefeller, que não tem sido estranho ao financiamento de grupos revolucionários de todas as cores e listras desde que ele e a sua família se tornaram ricos e famosos.

A agenda para a conferência ROC incluía a melhor forma de inverter a presidência Reagan, que tinha chegado como uma surpresa para os membros do Clube. O enfoque está em bloquear a recuperação económica prometida pelo então candidato Reagan. Para o conseguir, foi dito aos delegados que o Partido Democrata tinha de ser radicalizado. Não existe um "Partido Democrático". Não pode haver Partido Democrático numa República Confederada ou República Constitucional, que são os Estados Unidos da América. Foi sugerido que a melhor maneira de socializar o Presidente eleito Reagan era expulsar os membros conservadores do seu círculo interior e transformar os Democratas num poderoso partido socialista anti-capitalista, na linha do Manifesto Comunista de 1848 (o imposto sobre as mais-valias foi aprovado em 1989, um resultado directo do planeamento ROC).

De facto, desde 1980, o Partido Democrático assumiu o papel de partido socialista/comunista e deveria ser chamado "o Partido Socialista/Comunista dos Estados Unidos". Entre os presentes na reunião de Washington de 1980 estava Anthony Wedgewood Benn, líder dos socialistas britânicos e o principal estratega socialista Fabian. Benn falou da tarefa de elaborar um plano de contingência abrangente para este fim, ao qual acrescentou uma proposta de "guerra de classes" entre Reagan e o povo americano. Um mês após a sua primeira reunião, os conspiradores do Clube de Roma regressaram a Washington para uma segunda conferência. A reunião foi ouvida por um delegado representante da chamada *Fundação do Património* conservador, um "think tank" com sede em Washington, financiado pelo magnata cervejeiro Joseph Coors.

Heritage actuou então como a agência de recrutamento de facto para a presidência Reagan, apresentando uma lista de 3.000 nomes de pessoas que considerou adequadas para cargos-chave na administração Reagan. A maioria das recomendações do Heritage eram liberais de carreira e socialistas da extrema esquerda de Marx.

Em 1980, a Fundação Heritage foi controlada nos bastidores pelo arqui-socialista Fabiusian, Sir Peter Vickers Hall, cujo passado foi com o Grupo Milner (Milner, recorde-se, foi o instigador da cruel guerra do genocídio, a guerra Anglo-Boer, travada para ganhar o controlo do ouro e dos diamantes na África do Sul). Outros socialistas proeminentes presentes incluíram o falecido Willy Brandt, um dos principais contactos europeus do KGB, e o falecido Olaf Palme; François Mitterrand, então desempregado, mas em breve reconduzido ao poder em França pelo Comité dos 300; Philip Agee, um ex-oficial renegado da CIA; Bettino Craxi, um importante socialista italiano; Michael Harrington do Instituto de Estudos Sociais Democráticos em Washington, D. C. e um desconhecido socialista espanhol chamado Felipe Gonzalez, que tinha parado em Havana para consultar Castro antes de voar para Washington.

O NRC nomeou Gonzalez como seu encarregado de missão para a Nicarágua e El Salvador, e seria interessante saber como Gonzalez tem estado envolvido nas guerras na América Central e Latina, nas quais Castro tem desempenhado um papel. Mais de 2000 delegados assistiram a esta incrível reunião, no entanto, ela foi completamente obscurecida pelos meios de comunicação social. É uma homenagem às minhas ligações de inteligência o facto de, três dias após a reunião, em Novembro de 1980, eu estar na posse de documentação completa sobre esta reunião profana de líderes socialistas. Os delegados do ROC assistiram ao que consideraram ser a oração fúnebre da América, e entre os americanos presentes - além de Agee e Harrington - encontravam-se Jerry Rifkin, Gar Apelrovich do Institute for Policies Studies (IPS), os principais socialistas do país, Ron Dellums da Califórnia e Gloria Steinhem, organizadora da contracultura Women's Lib/ERA derivada dos escritos de Madame Kollontei, a líder comunista que percorreu os EUA nos anos 20-1930. Juntos, os delegados formaram uma equipa tão destrutiva quanto possível. Muitos dos principais delegados da conferência, para além de Palme, Brandt e Benn, eram membros da Internacional Socialista que se reuniam diariamente com funcionários do Departamento de Estado, incluindo Cyrus Vance e Henry Kissinger.

Caso não saiba, a Internacional Socialista é uma organização particularmente perigosa e subversiva, que apoia plenamente a legalização das drogas e da pornografia como "instrumentos de desestabilização", a ser utilizada contra os EUA. Os pormenores das discussões nunca foram tornados públicos, mas de acordo com documentos que me foram fornecidos, o ROC planeou isolar os EUA, deixando aberto um único canal aos piores elementos do Departamento de Estado e do KGB. Esta foi uma situação que deu origem a traição e sedição, para não mencionar as acusações de conspiração que deveriam ter sido feitas contra aqueles que participaram nas duas reuniões ROC.

Aparentemente, foi gasto um dia inteiro na melhor forma de implementar o plano de Lord Russell para asfixiar a indústria e livrar o mundo de mais de 2 mil milhões de "comedores inúteis". Foi decidido redobrar esforços para parar a construção de centrais nucleares e promover a política de crescimento zero, de acordo com as teorias económicas de Adam Smith e Malthus e os escritos de Russell. (Ver o meu próximo livro, "Nuclear Power").

A Internacional Socialista (SI) há muito que defende o desmantelamento das grandes cidades e a deslocação da população para cidades mais pequenas e mais manejáveis (ou seja, mais fáceis de controlar) e para as zonas rurais.

A primeira experiência deste tipo foi conduzida pelo regime de Pol Pot no Camboja, com o conhecimento de Thomas Enders, um alto funcionário do Departamento de Estado dos EUA.

CAPÍTULO 4

LINK PARA O GENOCÍDIO GLOBAL

O Clube de Roma, tal como o SI, é fortemente anti-nacional e favorece a supressão do desenvolvimento científico nos EUA, Grã-Bretanha e Europa, e mais recentemente no Japão. Acredita-se que o COR tenha tido algumas ligações com organizações terroristas, como as Brigadas Vermelhas.

A medida foi implementada através do arqui-socialista Bettino Craxi, um antigo líder do ROC e um homem conhecido dos serviços secretos franceses e alemães por ter tido contactos com o bando Bader-Meinhoff, um notório bando de bandidos que assaltou bancos e raptou figuras públicas para obter resgate.

Foi Craxi que tentou repetidamente quebrar a determinação do governo italiano de não negociar com as Brigadas Vermelhas a libertação do General americano raptado Dozier.

Craxi era muito próximo de Richard Gardner, um executivo do Comité de 300, e de Henry Kissinger. Gardner casou com a família Luccatti, uma das famílias mais poderosas da nobreza negra veneziana, conhecida há séculos pela sua habilidade em truques sujos e terrorismo.

Nem Craxi nem o antigo presidente francês, François

Mitterrand, ocuparam cargos oficiais em 1980, mas como relatei em várias edições do *World in Review* (WIR) em 1971, Craxi estava destinado a desempenhar um papel de liderança na política italiana, e Mitterrand deveria regressar ao poder em França - graças ao Clube de Roma.

Estas e as previsões de Gonzalez provaram ser 100% exactas. Em 5 de Dezembro de 1980, a reunião de acompanhamento da reunião inicial do CR em Washington D.C. aprovou e aceitou o *relatório Global 2000* do CR - *um plano para o genocídio global.* Este relatório apelava à morte de 2 mil milhões de pessoas até 2010 (daí o título). Há muitas provas que ligam este plano a vários acontecimentos catastróficos em todo o mundo, tais como o recente terramoto catastrófico na China.

A segunda conferência também adoptou a política da eutanásia para se livrar da crescente população de idosos, e os delegados adoptaram entusiasticamente o termo de Russell, "comedores inúteis", como uma palavra de código para descrever milhões de pessoas que, aos olhos da ROC, são "excedentárias".

Há quem possa considerar o "despovoamento" de Negros, Asiáticos e outras raças de cor uma boa ideia. "Já há demasiados indianos (asiáticos), chineses e negros", escreveu-me um homem, "então porque é que estás contra?".

A verdade é que não são apenas estas raças que estão destinadas a ser abatidas; os trabalhadores industriais "excedentários" dos EUA são também os alvos do relatório da Global 2000. Delegado após delegado em ambas as reuniões do CR expressou confiança na sua capacidade de promover com sucesso os seus planos.

As comemorações do vigésimo quinto aniversário, que tiveram lugar na Alemanha em Dezembro de 1993, destinavam-se a assinalar o que tinha sido alcançado até então.

Foi também uma vindicação pessoal para mim, porque quando revelei pela primeira vez a existência do ROC em 1969, fui escarnecido e zombado. "Toda esta ideia é um produto da vossa imaginação selvagem", escreveu um homem. Outro disse. "Onde está a documentação do seu relatório sobre o Clube de Roma? "A reunião de Dezembro de 1980 foi tão importante que se teria pensado que os meios de comunicação social teriam feito tudo o que estava ao seu alcance para conseguir um furo. Mas não o fez. Os meios de comunicação social mantiveram o caso em silêncio, sem qualquer menção na imprensa, na rádio ou na televisão. A isto chama-se "liberdade de imprensa", ao estilo americano. O povo americano é o povo mais mentiroso, cúmplice e enganado do mundo. Somos também as pessoas mais censuradas - neste caso, a censura por omissão.

O que é que os delegados queriam? Michael Harrington explicou: "Willy Brandt quer uma convulsão social na Europa", e devemos lembrar que a actual convulsão social na Alemanha faz parte desse plano. Não se trata de um acidente. Não devemos pensar que a convulsão social não virá para os Estados Unidos.

O ROC beneficiou da cooperação do governo mais socialista que a América alguma vez teve, nomeadamente a administração Carter, que se dedica à implementação do

Manifesto Comunista de 1848, como vimos na política externa de Carter que se sentou no fogo da revolução na África do Sul, nas Filipinas, no Irão, na América Central e na Coreia do Sul. Os presidentes Clinton e G.W. Bush pegaram na tocha, como vimos na Jugoslávia.

A Polónia foi desestabilizada pelo impeachment do Presidente Gereck, que foi organizado por Richard Gardner, antigo embaixador dos EUA em Roma.

Um dos principais resultados da reunião do ROC foi a pressão sobre o Presidente Reagan para manter o serviço do representante do Banco de Compensações Internacionais nos EUA, Paul Volcker, como chefe dos bancos ilegais da Reserva Federal. A Reserva Federal não é uma instituição do governo dos EUA, bem descrita por Louis T. McFadden, que lhe chamou "a maior burla da história".

Foi Anthony Wedgewood-Benn, um proeminente líder trabalhista britânico, que insistiu em manter o Volcker, apesar da campanha de Reagan prometer livrar a América do flagelo Volcker. Benn acreditava que o Volcker era o melhor homem para realizar a "guerra de classes" na América. Benn nomeou Rifkin para ajudar Volcker neste esforço, que ele disse que iria "polarizar os americanos". O ROC adopta um plano para desestabilizar a moeda através de taxas de juro mais elevadas e em constante flutuação.

Queriam ver-se livres de Helmut Schmidt, então Chanceler da Alemanha, porque ele tinha ajudado a estabilizar as taxas de juro internacionais. Sir Peter Vickers Hall solicitou que as taxas de juro nos EUA fossem aumentadas para 20% como a melhor forma de parar o investimento de capital na indústria. Volcker teve o cuidado de não aparecer na reunião da ROC, mas acredita-se que foi informado pelo Hall da Fundação Heritage. Stuart Butler, que era director-geral da Heritage, tinha isto a dizer aos delegados do COR:

> *Com a administração Reagan, temos um governo de direita que irá impor ideias radicais de esquerda. Não há razão para que comunistas, anarquistas, libertários ou seitas religiosas* (falava de satanismo, vudu, magia negra, feitiçaria, etc.) *não apresentem as suas filosofias.*

Butler sugeriu que a velha doutrina socialista das "zonas de livre iniciativa" fosse imposta à administração Reagan. As zonas de livre iniciativa encontram-se em locais como Manila e Hong Kong, para não mencionar a China continental. São literalmente "lojas de escravos".

Butler apelou à criação de zonas de livre iniciativa em áreas onde as indústrias tinham sido desenraizadas e destruídas. Butler previa o encerramento de siderurgias, fábricas de máquinas-ferramentas fechadas e estaleiros navais fechados.

As "indústrias" independentes, tão comuns em Hong Kong, seriam um meio de emprego adequado para pessoas deslocadas de cidades despovoadas, de acordo com o plano de crescimento zero pós-industrial.

CAPÍTULO 5

OS HOMENS SÃO COMO INSECTOS

Sabia que poucos leitores prestariam atenção a esta advertência, escrita em 1981, uma promessa de boom durante a administração Reagan. Mas lembrem-se, ninguém acreditou nos documentos que foram encontrados no corpo de Lange, mensageiro dos Illuminati. Os chefes coroados da Europa não estavam com disposição para ouvir os "relatórios alarmistas" emitidos pelo governo bávaro sobre os planos dos Illuminati para um tumulto sangrento em França! As pessoas não gostam que a sua serenidade seja perturbada. Como acima referido, a ROC representa a estrutura de comando dos Illuminati e das 13 principais famílias Illuminati nos EUA. Lembre-se que o plano Jacobino para a Revolução Francesa incluía o assassinato de milhões de cidadãos franceses "excedentários", especialmente os cristãos bretões celtas que suportaram o peso desta selvajaria. Com isto em mente, a declaração de Mitterrand na reunião ROC em Dezembro de 1980 não deve ser tomada de ânimo leve:

> *O desenvolvimento industrial capitalista é o inimigo e o oposto da liberdade.*

Mitterrand significou que o desenvolvimento industrial deu às pessoas uma vida melhor através da cooperação, ou seja, o desenvolvimento industrial, e que quando as pessoas têm uma vida melhor, estão inclinadas a ter famílias maiores. Portanto, o desenvolvimento industrial capitalista é "o inimigo da liberdade", simplesmente porque grandes áreas de cooperação (desenvolvimento industrial) estão inclinadas a consumir mais dos seus recursos naturais (controlados pelo Comité dos 300). Esta foi a lógica distorcida por detrás das políticas do Clube de Roma.

Numa reunião de seguimento do NRC realizada em Paris em Março de 1982, Aurellio Peccei, fundador do Clube, fez a seguinte declaração

> *As pessoas são como os insectos. Eles proliferam demasiado... É mais que tempo de pôr à prova o conceito de Estado-nação, que se interpõe no caminho da cultura mundial. O cristianismo faz os homens orgulhosos; uma sociedade mercantil, que cria apenas cultura morta e música clássica, sinais opressivos no papel.*

Quer acreditem ou não, o meu artigo pretende ser um aviso aos cidadãos dos Estados Unidos de que o equivalente a multidões terroristas jacobinos será desencadeado sobre a nossa nação insuspeita em devido tempo. As multidões do tipo Jacobin serão empregadas para provocar mudanças radicais na forma como vivemos na América, mudanças que poderão durar até mil anos.

A política do ROC é ter *cada vez menos pessoas, consumir cada vez menos e exigir cada vez menos serviços, por todos os meios.* Esta é uma completa inversão da nossa sociedade onde cada vez mais pessoas exigem melhores bens, serviços e estilo de vida, que é a essência de uma sociedade produtiva sob uma forma republicana de governo. Significativamente, Peccei nada disse sobre a teocracia ocultista que se disfarça de religião, mas não o é, sendo um sistema político e económico concebido para controlar a vida dos homens, até ao último pormenor, como vimos na revolução bolchevique. Peccei e o Clube de Roma são os sucessores das revoluções francesa e bolchevique, os socialistas, os Illuminati e as miríades de sociedades secretas que procuram transformar os Estados Unidos num Estado escravo, a que eufemisticamente chamam uma democracia. Os Estados Unidos são uma República Confederada ou República Constitucional. Nunca poderá ser uma democracia, um regime imposto ao povo por uma elite oculta que tem uma longa história de destruição de sociedades livres.

Como disseram os nossos pais fundadores, *cada democracia pura da história tem sido um fracasso total*, e eles não pretendiam que os Estados Unidos acabassem como uma democracia fracassada.

Os delegados do Clube de Roma comprometeram-se a impedir a instalação de mísseis nucleares americanos na Europa, o que vimos concretizado em 5 de Dezembro de 1981. Centenas de "Jacobins" instigados pela ROC foram para as ruas de Paris e Hamburgo: houve motins e agitação civil que duraram vários dias e noites.

Nota: A acção da máfia foi bem sucedida em 1989. Como o francês Giscard d'Estaing era a favor de um guarda-chuva nuclear para a Europa, o ROC livrou-se dele e substituiu-o pelo socialista Mitterrand. Um dos principais conselheiros de Mitterrand foi Jacques Attali, um ocultista, que acreditava no suicídio: *Numa sociedade democrática, o direito ao suicídio é o mais fundamental dos direitos humanos.* Isto é consistente com a crença de Peccei de que o homem é uma espécie de acidente dentro da criação e que a maioria dos grupos populacionais do mundo não são necessários e não devem ter as suas opiniões tidas em conta. Este é o tipo de teocracia ocultista que floresceu no Egipto, Judéia e Síria e muitas outras partes do mundo antigo, nas quais o culto de Dionísio desempenhou um papel tão importante. Ficou muito claro nas reuniões do Clube de Roma que o seu principal objectivo e finalidade era :

- atrasando o desenvolvimento industrial,
- abrandar a investigação científica,
- despovoar cidades, especialmente as antigas cidades industrializadas da América do Norte,
- deslocar a população para as zonas rurais,
- reduzir a população mundial em pelo menos 2 mil milhões de pessoas,
- impedir a reorganização das forças políticas que se opõem aos planos do ROC,
- desestabilizar os EUA através de despedimentos em massa e perda de empregos, bem como de guerras de classes e raças,
- destruir o empreendedorismo individual através de taxas de juro elevadas e impostos elevados sobre ganhos de capital.

Agora, para aqueles cépticos que consideram o meu relatório "bizarro" e "rebuscado", como este trabalho tem sido chamado, dêem uma vista de olhos à legislação aprovada pela Câmara e pelo Senado desde que este grupo se reuniu em Novembro e Dezembro de 1980 e novamente em 5 de Dezembro de 1981. O facto de os meios de comunicação terem submetido os americanos a uma censura intensa - seja por omissão ou por comissão - não torna este relatório impreciso e fantasioso. Vale a pena lembrar que quando os conspiradores da Ilha Jekyll se juntaram para causar um golpe contra o nosso sistema monetário na América, que mais tarde chamaram Lei da

Reserva Federal, ninguém sabia disso - a imprensa cobriu os rastros dos banqueiros e a inocente nação americana continuou como se nada de mal estivesse a acontecer. O mesmo conjunto de condições aplica-se ao planeamento do ROC.

O objectivo final do trabalho legislativo de Florence Kelley era socializar a América, e começou a tomar forma com velocidade assustadora durante as administrações de Franklin D. Roosevelt e James Earl Carter. Florence Kelly foi uma notável socialista Fabian de quem Roosevelt procurou e recebeu conselhos que informaram muitas das suas decisões políticas. Olhando para trás, verificamos que vastas áreas do nosso coração industrial foram despejadas, 40 milhões de trabalhadores industriais são despedidos permanentemente, e o conflito racial é uma ocorrência diária. Há também numerosos projectos de lei socialistas que interferem directamente no futuro deste grande país, projectos de lei agrícolas concebidos para retirar terras aos agricultores americanos, projectos de lei "criminosos", e projectos de lei "educativos" que são 100% inconstitucionais.

Não pense que o nosso governo hesitará em levar a cabo empresas socialistas nos Estados Unidos, e não precisará de tropas estrangeiras para levar a cabo estes planos. A Europa e os EUA estão a ser dizimados pela droga, sexo, música rock e hedonismo. Estamos a perder o nosso património cultural, tão desprezado por Aurellio Peccei. A hierarquia americana tem sido a maior causadora de problemas do mundo. Desde o fim da Segunda Guerra Mundial, temos sido responsáveis pela desestabilização dos países e pela destruição do seu carácter e identidade nacionais. Veja-se a África do Sul, Zimbabué (antiga Rodésia), Coreia do Sul, Filipinas, Nicarágua, Panamá, Jugoslávia e Iraque, para citar apenas alguns países que foram traídos pelos EUA.

CAPÍTULO 6

DECISÕES DE POLÍTICA EXTERNA

Nós, o povo, somos excluídos do governo; somos ignorados e o nosso destino está nas mãos dos agarradores de armas e daqueles que não respeitam a Constituição - abortadores, assassinos de bebés, agarradores do poder socialista e todo o tipo de especuladores dos tempos modernos. O denominador comum, facilmente encontrado em todas as teocracias ocultas antigas e modernas, é a sede de sangue.

Olhando para a história, vemos que as páginas dos livros de história estão manchadas com o sangue dos mártires do cristianismo, de governos representativos republicanos decentes. Estes holocaustos reais quase não são lembrados, e muito menos comemorados. O Clube de Roma tem um capítulo americano, que se torna cada vez mais forte a cada ano. Aqui está uma lista dos seus membros:

- **William Whipsinger.** Associação Internacional de Machinistas
- **Sir Peter Vickers Hall. O** monitor dos bastidores da Heritage Foundation
- **Stuart Butler.** Fundação Heritage[3]

---

[3] Heritage Foundation, NDT.

- **Steven Hessler.** Fundação Heritage
- **Lane Kirkland.** *Director Geral do CIO da AFL*
- **Irwin** Suall. Agente M16 e ADL
- **Roy Maras Cohn.** Antigo conselheiro do falecido senador Joe McCarthy.
- **Henry Kissinger.** Não há necessidade de uma introdução
- **Richard Falck.** Universidade de Princeton (escolhida pelo NRC para fazer a guerra contra a África do Sul, Irão e Coreia do Sul)
- **Douglas Frazier.** Sindicato Unido dos Trabalhadores Automotores
- **Max Fisher.** United Brands Fruit Company
- **Averell Harriman.** Ancião do partido democrático, confidente socialista da família Rockefeller.
- **Jean Kirkpatrick.** Ex-embaixador dos EUA na ONU.
- **Elmo Zumwalt.** Almirante, Marinha dos EUA
- **Michael Novak.** Instituto Americano de Empresas
- **Cyrus Vance.** Ex-Secretário de Estado
- **Abril Glaspie.** Ex-embaixador no Iraque
- **Milton Friedman.** Economista
- **Paul Volcker.** Os Bancos da Reserva Federal
- **Gerald Ford.** O ex-presidente
- **Charles Percy.** Ex-senador dos Estados Unidos
- **Raymond Matthius.** Ex-senador dos Estados Unidos
- **Michael Harrington.** Membro da Sociedade Fabian
- **Samuel Huntington.** Chefe de planeamento da destruição das nações alvo do ROC
- **Claiborne Pell.** Senador dos Estados Unidos
- **Patrick Leahy.** Senador dos Estados Unidos

Esta não é de forma alguma uma lista completa dos

membros da Secção ROC dos EUA. Poucas pessoas têm a lista completa. O Clube de Roma é um importante órgão internacional de política externa do Comité dos 300.

É o executor e supervisor das decisões de política externa do Comité. O NRC é apoiado financeiramente pelo German Marshall Fund, que nada tem a ver com a Alemanha, um nome escolhido para criar uma ilusão. Os membros do Fundo Marshall Alemão incluem o seguinte:

- **Milton Katz.** Fundação Ford
- **David Rockefeller.** Chase Manhattan Bank
- **Comboio Russell.** Presidente, Fundo Mundial para a Vida Selvagem, Instituto Aspen
- **James A. Perkins.** Carnegie Corp, uma filial do Carnegie Trust do Reino Unido e da Sociedade de Amigos (Quakers).
- **Paul G. Hoffman.** Designer, Morgenthau Plan, New York Life Insurance Co.
- **Irving Bluestone.** Conselho Executivo dos Trabalhadores Automotivos Unidos
- **Elizabeth Midgeley.** Produtor CBS
- **B.R. Gifford.** Fundação Russell Sage
- **Willy Brandt.** Ex-Presidente da Internacional Socialista
- **Douglas Dillon.** Ex-Secretário do Tesouro dos EUA.
- **John J. McCloy.** Universidade de Harvard, Supervisor do Plano Morgenthau
- **Derek C. Bok.** Universidade de Harvard
- **John B. Cannon.** Universidade de Harvard

Segue-se um breve resumo dos objectivos do Fundo Marshall alemão, que patrocina as reuniões ROC em Washington, D.C. É um forte apoiante do estabelecimento do socialismo em todo o mundo. Os seus principais líderes são oriundos da antiga nobreza negra e da aristocracia europeia. Os seus objectivos políticos são introduzir no governo todas as piores características da autocracia, teocracia e teocracia oculta.

A destruição da identidade nacional e da soberania das nações é um dos seus principais objectivos. Há literalmente centenas dos seus agentes nos governos dos EUA a nível local, estadual e federal.

Basta olhar para o registo de dezenas de membros da Câmara para ver até que ponto o Fundo Marshall alemão fez avançar o plano global de socialização dos Estados Unidos. As pessoas perguntam-me: "Porque é que o socialismo o incomoda? "

A resposta é: porque o socialismo é o mais perigoso dos "ismos" que a civilização ocidental enfrenta. De facto, é um comunismo rastejante.

CAPÍTULO 7

O QUE É O SOCIALISMO?

Como um dos líderes do socialismo Fabian disse uma vez:

> *"O socialismo não é senão o caminho para o comunismo e o comunismo não é senão o socialismo à pressa".*

O povo americano não aceitará o comunismo puro, pelo que é necessário alimentar as massas insuspeitas com doses de socialismo até que o processo de comunização esteja completo.

No caso do NRC, usaram socialistas hardcore como o falecido Willy Brandt, antigo presidente socialista alemão, e John J. McCloy, que eram membros do santuário do Grupo Morgenthau.

Após a Segunda Guerra Mundial, McCloy foi o "alto comissário" de uma Alemanha derrotada e fez um grande lobby para fazer dela uma nação pastoral não-industrializada.

Neste trabalho, foi muito assistido por Leslie Gelb e pelo Secretário de Estado Cyrus Vance do Jimmy Carter, ambos socialistas profundamente empenhados. Gelb e Vance trabalharam incansavelmente para prejudicar os EUA durante as longas negociações SALT.

O grupo interno dominante da Comissão de Planeamento de Morgenthau, que é membro do Fundo Marshall alemão, inclui as seguintes pessoas

- **Averell Harriman, Brown Bros, Harriman, banqueiros de Wall Street.**

Harriman é o principal funcionário americano encarregado dos esforços para trazer os soviéticos para o governo mundial, mas a oposição e desconfiança de Estaline em relação à nova ordem mundial liderada pelos EUA continua forte e ele recusa-se a fazê-lo.

- **Thomas L. Hughes**

Parceiro em Brown Bros. Harriman. Designer do plano Morgenthau.

- **Robert Abercrombie Lovett**

Um parceiro em Brown Bros. Harriman e um designer do plano Morgenthau.

- **Príncipe Bernhard, dos Países Baixos**

Um executivo da Royal Dutch Shell (uma das principais empresas do Comité de 300 e fundador do Grupo Bilderberg).

- **Katherine Meyer Graham (agora falecida)**

O reitor da imprensa estabelecida, era membro da família Meyer e amigo de Bernard Baruch e do Presidente Wilson. O seu pai alegadamente duplicou as obrigações da Primeira

Guerra Mundial e manteve os milhões de dólares gerados pelas falsas obrigações. Ele nunca foi processado.

O marido de Graham morreu em circunstâncias muito suspeitas. Os serviços de inteligência acreditam que ele foi assassinado e que a sua esposa desempenhou um papel nele, mas nada foi provado. A família Meyer controlava o enorme banco de investimento Lazard Frères.

➢ **John J. McCloy**

O controlador de múltiplas empresas do Comité das 300 ligadas à realeza europeia a quem serve como consultor financeiro.

➢ **Professor Samuel Huntington**

Um ardente sionista-socialista envolvido na queda da maioria dos governos de direita visados pelo Comité dos 300 no período do pós-guerra.

➢ **Joseph Rettinger**

O jesuíta socialista responsável pelo recrutamento de membros de Bilderberg e pela sua apresentação ao grupo Harriman, uma vez trabalhou para Winston Churchill. Acredita-se que Rettinger foi o homem que recrutou Clinton como um potencial futuro líder socialista e depois entregou-o a Pamela Harriman para o preparar para um alto cargo. O plano de Rettinger era criar um Estado jesuíta da Europa Central a partir da Polónia, Hungria e Áustria, mas o plano do pós-guerra não foi aprovado pelo Comité de 300.

A maior parte da nobreza negra e da realeza europeia está

relacionada por casamento com famílias oligárquicas britânicas que remontam a Robert Bruce, que fundou o rito escocês da Maçonaria. Tomemos Lovet, por exemplo. É um membro da União Europeia estreitamente aliado de McCloy.

Ambos os homens eram amigos próximos das famílias Auchincloss e Astor, que têm laços estreitos com a "nobreza" britânica, holandesa, dinamarquesa e espanhola. Os Radziwills e Zbignew Brzezinski, conselheiro de segurança nacional de Carter, também trabalharam com este grupo. Todos são servidores do Comité dos 300. No grupo Royal Dutch Shell foi Sir Bazil Zaharoff, o antigo presidente da Vickers Arms Company, a empresa britânica de fabrico de armas que produziu milhares de milhões fornecendo munições para a revolução bolchevique, Primeira Guerra Mundial e Segunda Guerra Mundial. A família de Sir Peter Vickers Hall, (o controlador dos bastidores da Fundação Heritage em Washington D.C.), foi o herdeiro desta vasta fortuna. As personalidades que controlam a secção americana do NRC são as seguintes:

- Jean Kirkpatrick,
- Eugene Rostow,
- Irwin Suall,
- Michael Novack,
- Lane Kirkland,
- Albert Chaitkin,
- Jeremy Rifkin,
- Douglas Frazier,
- Marcus Raskin,
- William Kunsler.

Estes dignos representantes não precisam de qualquer introdução. Eles são líderes socialistas de grande importância na guerra para a socialização dos Estados Unidos. Os cooperantes na luta para derrubar a forma republicana de governo dos Estados Unidos são os seguintes:

- Gar Apelrovich,
- Ben Watenburg,
- Irving Bluestone,
- Nat Weinberg,
- Sol Chaikan,
- Jay Lovestone,
- Mary Fine,
- Jacob Shankman,
- Ron Dellums,
- George McGovern,
- Richard Bonnett,
- Barry Commoner,
- Noam Chomsky,
- Robert Moss,
- David McReynolds,
- Frederik von Hayek,
- Sidney Hook,
- Seymour Martin Lipsit,
- Ralph Widner.

Os indivíduos acima mencionados foram filiados em várias organizações socialistas tais como o Departamento de Assuntos Internacionais da AFL-CIO, o Instituto de Estudos Contemporâneos de Cambridge, o Instituto de Estudos Políticos, o Sindicato dos Trabalhadores do Automóvel e o Sindicato Internacional dos Trabalhadores do Vestuário das Mulheres, que tem laços estreitos com o socialismo Fabiano.

Von Hayek é altamente considerado pelos conservadores

como o seu economista de eleição. Os senadores George McGovern e Ron Dellums serviram ambos no Congresso dos EUA.

Algumas das publicações socialistas publicadas pelas pessoas acima mencionadas são:

- *A Nova República* - Richard Stuart e Morton Condrake
- *A Nação* - Nat Hentoff, Marcus Raskin, Norman Benorn, Richard Faulk, Andrew Kopkind
- *Dissentimento* - Irving Hall, Michael Harrington *Commentary*- Carl Girshman
- *O Documento de Trabalho para uma Nova Sociedade* - Marcus Raskin. Noam Chomsky, Gar Apelrovich, Andrew Kopkind, James Ridgway.
- *Inquérito* -- Nat Hentoff
- *GANHO* - Noam Chomsky

Com tantos níveis nas suas fileiras de malha apertada, poderia ser útil pensar no Clube de Roma como um gigantesco think tank socialista. A forma como a COR foi criada é muito interessante.

Quando o Clube de Roma precisou de coordenar alguns aspectos do seu programa da Nova Ordem Mundial, enviou Aurellio Peccei para Inglaterra para treino no Tavistock

Institute of Human Relations,[4] a mãe de todas as instituições de lavagem ao cérebro do mundo.

Na altura, Peccei era o executivo de topo da Fiat Motor Company, um gigantesco multi-conglomerado do Comité dos 300 através dos seus membros da nobreza negra, a aristocrática família Agnelli, a mesma família que rejeitou Pamela Harriman como esposa de um dos filhos Agnelli.

Pamela casou-se com Averell Harriman, um estadista de 300 anos e perito em política externa dos EUA, um verdadeiro 'insider'.

---

[4] Ver *Instituto Tavistock de Relações Humanas - Moldando o declínio moral, espiritual, cultural, político e económico dos Estados Unidos da América*, Omnia Veritas Ltd, www.omnia-veritas.com.

CAPÍTULO 8

A NATO E O CLUBE DE ROMA

Tavistock estava sob a direcção e controlo do Major-General John Rawlings Reese, que foi assistido por Lord Bertrand Russell, os irmãos Huxley, Kurt Lewin e Eric Trist como novos especialistas científicos.

Os assinantes regulares da *World In Review* saberão que todo o tipo de males: escuridão, caos e confusão invadiram os Estados Unidos com a chegada dos missionários Tavistock. Aldous Huxley e Bertrand Russell, que eram membros proeminentes do culto de Isis-Osiris.

Depois de ter sido despojado das poucas qualidades humanas que possuía inicialmente, Tavistock certificou Peccei como "qualificado" e enviou-o para a sede da Organização do Tratado do Atlântico Norte (OTAN).

Este Comité de 300 organizações foi estruturado principalmente como um órgão político, e secundariamente - como um grupo do pacto de defesa militar para a Europa contra os perigos apresentados pela URSS. Na OTAN, Peccei recrutou membros seniores para o seguirem na formação do Clube de Roma. Outros líderes da OTAN e vários partidos políticos de esquerda juntaram-se ao NRC para formar o Grupo Bilderberg, o braço socialista de recrutamento e formação do Comité dos 300.

Quais eram as metas e objectivos da ROC? Seguiram essencialmente o Manifesto Comunista de 1848, eram socialistas por natureza e origem, e eram motivados pelas forças espirituais negras em jogo no Gnosticismo, magia negra caldeia, Rosacrucianismo, os cultos de Ísis-Osíris e Dionísio, demonismo, teocracia oculta, luciferianismo, maçonaria, etc. O derrube da civilização cristã ocidental foi fundamental para a actividade da ROC.

A destruição da soberania nacional e do nacionalismo de todas as nações e, com ela, a destruição de milhares de milhões de seres humanos "excedentários" também figurava de forma proeminente na agenda da ROC. Peccei acreditava que os estados-nação, a liberdade individual, a religião e a liberdade de expressão deveriam ser reduzidas a pó sob o manto da Nova Ordem Mundial - o Governo Mundial Único, através do ROC que foi criado para o fazer o mais rapidamente possível. A tarefa dos grupos de reflexão da ROC era reunir, sob uma organização, as muitas organizações socialistas que já estavam a trabalhar para acabar com a civilização cristã ocidental.

O Japão não pode ser deixado de fora dos planos do Comité de 300 (COR). O Japão é também uma nação industrial, um povo homogéneo altamente nacionalista, o tipo de sociedade que os potenciais líderes da Nova Ordem Mundial odeiam. Portanto, o Japão, embora não ocidental ou cristão, apresentou um problema para os planificadores ROC.

Usando a Sociedade Japonesa e a Fundação Suntory de David Rockefeller, o plano era minar a utilização mais bem sucedida do sistema económico americano pelo Japão - um legado deixado pelo General Douglas MacArthur - usando meios indirectos. "Meios indirectos" significava doutrinar o

Japão com ideais socialistas, "mudanças culturais" de acordo com o plano, "a Era de Aquário - Nova Era". As instituições e tradições do Japão deveriam ser lenta mas seguramente minadas na forma e pelo método adoptado contra os Estados Unidos.

Os fanáticos do ROC que fizeram guerra à América para "mudar a sua imagem pública", têm estado em alvoroço contra o Japão. Daniel Bell de Tavistock e Daniel Yankelovich, o "fabricante de imagem" número um da América, foram chamados para seqüestrar, pelo menos temporariamente, e travar a sua guerra contra a base industrial do Japão. Aqueles de vós que têm acompanhado o meu trabalho desde o seu início em 1970 saberão que a interface entre o serviço secreto britânico MI6 e David Sarnoff da Radio Corporation of America (RCA) levou a que agentes britânicos fossem colocados em posições-chave dentro da CIA e da Divisão Cinco do FBI - o seu braço contra-inteligente. Yankelovich, de Yankelovich, Skelly e White, foi escolhido pelo MI6 para travar uma guerra implacável contra o povo americano.

Yankelovich, um socialista anti-cristão que esteve na vanguarda do ataque a um povo americano insuspeito durante duas décadas, foi agora ordenado pelo ROC a concentrar os seus recursos em ataques à indústria pesada no Japão, aquilo a que chamavam "chaminés de fumo". A indústria ligeira devia ser elogiada e felicitada.

A esperança era que o colapso pós-industrial e de crescimento zero dos EUA e as tácticas de contracção do crédito da Volcker pudessem ser repetidas contra o Japão. Numa sociedade pós-industrial, segundo a ROC, quase 50 milhões de americanos estariam sem trabalho e permanentemente desempregados, e muitos milhões mais estariam subempregados. Segundo o ROC, isto levaria ao declínio social e moral, tornando a nação numa vítima fácil para a Nova Ordem Mundial - um governo mundial - assumir o controlo. O colapso da classe média americana teria um efeito profundo nas exportações japonesas para os EUA.

Tal como o povo americano, que nunca foi informado da guerra que grassa contra eles desde 1946, os planificadores ROC esperavam apanhar a nação japonesa desprevenida. Peter Berger do infame Conselho das Relações Exteriores (CFR) - o governo paralelo de alto nível dos Estados Unidos sob a égide do Comité dos 300, e o chamado antropólogo Herbert Passon - o homem que tomou o lugar da falecida Margaret Mead, aceitaram de bom grado o seu novo desafio. Como resultado, uma torrente de literatura da "Nova Era" derramou-se no mercado japonês, pretendendo mostrar até que ponto a indústria japonesa tinha alienado os japoneses médios dos valores nacionais e tradicionais.

Filmes feitos para a televisão sobre gangues de jovens do "Rock and Roll" foram popularizados tendo o cuidado de não revelar que esta aberração veio da mesma fonte que nos deu os Beatles, Mick Jagger, Keith Richard e todo o tipo de réprobos decadentes, depravados e amorais são a criação do Instituto Tavistock sob os auspícios da ROC. Jagger e Richards têm sido frequentemente homenageados pela realeza europeia. A imagem criada é que esta degenerescência é a consequência da industrialização dos Estados Unidos.

A menos que seja feito um esforço concertado para o evitar, o Japão está destinado a sofrer o mesmo declínio moral, ou pelo menos uma gravidade igual à experimentada pelos Estados Unidos durante a era dos "Beatles-Jagger-Rolling

Stones", mais ou menos desde os anos 60 até aos anos 80. A propósito, Jagger e Richards pertencem ao clube ocultista criado pelo Luciferian Alestair Crowley: a Ordem Isis-Osiris da Alvorada Dourada. O principal objectivo da Isis-Osiris é a destruição moral da juventude do Ocidente através do abuso ilimitado de drogas, "sexo livre", homossexualidade e lesbianismo.

A "música" fornecida por degenerados como Jagger e outros líderes de bandas de rock mais tarde na vida, dá o tom para a diminuição das inibições, tornando a juventude das nações mais fácil de induzir a estas práticas maléficas. O problema que o ROC enfrenta agora é lidar com o backlash que irá certamente ocorrer quando o desemprego, como no Japão, atingir os níveis americanos. É pouco provável que os japoneses se submetam e aceitem o desemprego, como os seus homólogos americanos já fizeram.

O Japão é um país difícil de quebrar, mas ao alimentar lentamente o seu veneno, em doses medidas, o ROC espera conseguir uma revolução no Japão que não desperte a população - por outras palavras, o modelo americano deve ser seguido no próximo ataque ao Japão. Nos EUA, a "Aquarian Conspiracy" do Clube de Roma tem sido um sucesso retumbante. Uma versão resumida do artigo de Willis Harmon da ROC sobre o assunto é tudo o que precisamos para compreender o que se está a passar:

As imagens e a concepção fundamental da natureza e das potencialidades humanas podem ter um enorme poder para moldar valores e acções numa sociedade. Eles (isto é, Harmon e o ROC) tentaram estudar isto através de :

- Os métodos dos Illuminati.

- Explorar, em relação aos problemas da sociedade contemporânea, as deficiências das imagens actuais da humanidade, e identificar as características necessárias das imagens futuras.

- Identificar actividades de alto nível que possam facilitar a emergência de uma *Nova Imagem* (ênfase acrescentada) e novas abordagens políticas para resolver os principais problemas da sociedade.

> *Utilizamos a imagem do homem ou do homem no universo para nos referirmos ao conjunto de suposições sobre a origem, natureza, capacidades e características dos seres humanos, a sua relação com os outros e o seu lugar no universo. Uma imagem coerente pode ser mantida por um indivíduo, um grupo, um sistema político, uma igreja ou uma civilização. A maioria das sociedades tem uma imagem do homem, que define a sua natureza social. Por exemplo, uma imagem do homem é assim uma percepção gestalt da humanidade, tanto individual como colectiva, em relação a si próprio, à sociedade e ao cosmos.*

Isto é um perfeito disparate, um truque ocultista concebido para enganar os desinformados. Na sua maioria, os pressupostos sobre a natureza dos seres humanos são mantidos inconscientemente. Mas para continuar com a tentativa de Harmon de nos fazer uma lavagem ao cérebro:

> *Só quando estes pressupostos ocultos são reconhecidos e divulgados a todos é que uma imagem do homem pode ser construída, a imagem pode ser cuidadosamente examinada, mantendo a perspectiva e rejeitando-a ou modificando-a (ênfase acrescentada). Uma imagem pode ser apropriada para uma fase do desenvolvimento de uma sociedade, mas uma vez concluída essa fase, a utilização da imagem como um guia contínuo de acção irá*

provavelmente criar mais problemas do que os que resolve. A ciência, a tecnologia e a economia fizeram progressos verdadeiramente significativos para a realização de objectivos humanos básicos tais como a segurança física, o conforto material e uma melhor saúde.

Mas muitos destes sucessos conduziram ao problema do excesso de sucesso. Problemas que eles próprios parecem intratáveis dentro do conjunto de premissas de valor social que levaram ao seu aparecimento. O nosso sistema tecnológico altamente desenvolvido levou à vulnerabilidade e ao colapso. O impacto interligado dos problemas sociais que surgiram é agora uma séria ameaça para a nossa civilização.

Por outras palavras, os nossos ideais ocidentais, a crença na família, a santidade do casamento, a crença no próprio país, o orgulho nacional, a soberania nacional, o orgulho nas nossas crenças religiosas, o orgulho na raça, a nossa confiança num Deus omnipotente, e as nossas crenças cristãs, são todos obsoletos - de acordo com Harmon of the ROC

Para o iluminista e sumo sacerdote da ROC, "ser demasiado bem sucedido" vem de ser demasiado bem sucedido como uma nação industrializada com pleno emprego e um povo que goza de um nível de vida decente.

CAPÍTULO 9

UM REGRESSO À IDADE DAS TREVAS

Harmon significava que os americanos, graças a uma sociedade baseada na indústria, gozavam de demasiada liberdade, o que levou a uma situação em que existem simplesmente demasiadas pessoas, que devem, portanto, ser arredondadas e abatidas, para que a ROC possa travar o crescimento industrial e, consequentemente, o crescimento populacional. A verdade é que a civilização cristã ocidental é uma ameaça - não à civilização - mas ao futuro da teocracia ocultista planeada para o mundo pelo Comité dos 300.

O que Harmon defende é um regresso à idade das trevas, uma nova era negra, sob a ditadura de um governo de um mundo.

Harmon, o sumo sacerdote da ROC, apresentou um cenário que está em contradição directa com a lei de Deus, que diz que devemos ser fecundos, multiplicar e subjugar a terra, não em benefício da ROC e do Comité dos 300, mas para a liberdade do nosso povo nos Estados Unidos e de outros que escolhem respeitar as suas identidades nacionais.

Os luciferianos servidos por Harmon, os membros do Culto de Dionísio, os "Olimpíadas", dizem: "Não, fomos aqui colocados para governar a Terra e só nós desfrutaremos dos seus benefícios". O sumo sacerdote Harmon conclui como se segue:

> *Precisamos de mudar rapidamente a imagem tecnológica industrial do homem. As nossas análises sobre a natureza dos problemas da sociedade contemporânea levam-nos a concluir que as imagens de muitas pessoas que dominaram os últimos dois séculos serão inadequadas para a era pós-industrial. A imagem do homem apropriada a este novo mundo* (que não é novo - o conceito, satânico, tem quatro mil anos) *deve ser procurada, sintetizada e depois ligada aos cérebros da humanidade.*
>
> *A imagem renascentista italiana do homem económico, individualista, materialista, em busca de conhecimentos objectivos, é inadequada e deve ser descartada. O estado industrial, nesta fase, tem um enorme impulso mas sem direcção, uma maravilhosa capacidade de lá chegar, mas sem saber para onde vai. De certa forma, o colapso das antigas imagens foi visto como levando mais ao desespero do que à procura de uma nova imagem. Apesar do pessimismo que implica uma imagem dominante retardada, há muitos sinais de que uma nova imagem antecipada da humanidade pode estar a emergir.*

O que este "mumbo-jumbo" realmente significa - o que Harmon estava realmente a dizer - é que as sociedades industrializadas, tais como os EUA e o Japão, devem ser destruídas porque a sociedade industrializada se tornou incontrolável. De acordo com Harmon, a destruição da indústria levaria à destruição de todos os nossos valores morais básicos, as nossas crenças básicas em Deus e no país, a nossa cultura cristã, o que rapidamente levaria ao regresso ao mundo de uma **teocracia oculta** que reina sobre uma nova era negra, de acordo com o sumo sacerdote

Harmon:

> *...dezanove imagens do homem dominam várias épocas, e de cada uma delas extrai as características que considera úteis para substituir a imagem tecnológica industrial, os programas que o ROC e o Comité esperam imitar e que irão transformar os povos do mundo - aqueles que permanecerão como escravos sem mente após o massacre do Global 2000, numa nova era negra - a chamada Nova Ordem Mundial.*

De acordo com o plano Harmon, a humanidade deve ser identificada como fazendo parte do reino animal. Harmon argumenta que a elite dominante é ordenada na imagem pós-industrial e que a imagem do homem do Antigo Testamento dominando toda a natureza deve ser abandonada como perigosa.

A imagem zoroastriana é bastante preferida. O sistema indiano e asiático de yoga é preferível ao cristianismo - de acordo com Harmon, porque trará a "auto-realização" necessária. Este eufemismo é simplesmente um dispositivo utilizado pela Harmon para indicar que o cristianismo deve ser substituído por crenças ocultas como as praticadas por membros da Isis-Osiris e do Culto de Dionísio. A imagem cristã do homem deve ser substituída, de acordo com o Sumo Sacerdote Harmon. O homem deve deixar de pensar que precisa de Deus. É tempo de o homem acreditar que é o mestre do seu próprio destino e que pode tomar conta de si próprio.

O que falta hoje nas nossas igrejas cristãs é o conhecimento e a compreensão das sociedades ocultas e secretas que estão por toda a parte. Os nossos professores e leitores cristãos precisam de se familiarizar com o reino das teocracias religiosas e onde conduzem a Igreja de Cristo.

Em vez de descartarmos a beleza e pureza da Renascença, devemos agarrar-nos ainda mais a ela e proteger o seu património inestimável. Aqui está uma visão geral de algumas das medidas Harmon advocates para fazer funcionar os planos do ROC para uma Nova Ordem Mundial:

- Participação dos jovens nos processos políticos.
- Os movimentos de libertação das mulheres.
- Consciência negra.
- A rebelião dos jovens contra os 'males' da sociedade.
- Aumento do interesse na responsabilidade social das empresas.
- O fosso entre gerações.
- Viés induzido contra a indústria e a tecnologia entre os jovens.
- Experimentar novas estruturas familiares (ou seja, famílias monoparentais, "casais" do mesmo sexo e "famílias" lésbicas).
- Devem ser formados grupos ambientalistas conservadores.
- O interesse pelas religiões orientais deve ser aplicado de forma diligente nas escolas e universidades.

Estes pontos do Manifesto de Harmonia podem quase sobrepor-se ao Manifesto Comunista de 1848. Existem pequenas diferenças de estilo em vez de substância, mas o princípio básico de que o mundo deve tornar-se um estado socialista que progrida para o comunismo é um fio condutor comum a ambos os documentos. O tema subjacente e oculto é o mesmo que o ensinado pelos comunistas-bolcheviques:

"Fique no nosso caminho por sua conta e risco. As tácticas de terror são as nossas tácticas, e iremos usá-las sem medo ou favor. Eliminá-lo-emos se se opuser a nós. Como disse anteriormente, o ideal da Nova Era, tal como apresentado pela Harmon, tem milhares de anos. Os druidas queimavam as pessoas em cestos de vime como sacrifício aos seus deuses e as suas sacerdotisas escorriam o sangue das suas vítimas em baldes.

A Revolução Francesa custou a vida de centenas de milhares de vítimas inocentes, tal como o fez a Revolução Bolchevique. Os comunistas orgulhavam-se da forma como torturaram e assassinaram milhões de cristãos. O que nos leva a pensar que a ROC, uma teocracia oculta, não fará o mesmo quando nos é dada a oportunidade? Estas são as pessoas assassinas, espiritualmente mortas com quem estamos a lidar, aqueles que Cristo descreve como os governantes das trevas, os ímpios em lugares altos, e já é tempo de cada um de nós, japoneses ou americanos, acordarmos para os perigos que ameaçam a civilização.

Quando este ataque a Deus e à humanidade foi registado pela Harmon em 1974, os catorze princípios por detrás da Harmon tiveram o cuidado de não revelar qualquer envolvimento directo das várias instituições que pretendiam utilizar para fabricar, criar e promover como aríete da contra-cultura. Bêbado com poder e antecipando um público americano conforme que não reagiria, Harmon decidiu usar Marilyn Ferguson como fachada, para deixar o gato sair do saco.

Harmon elenco Marilyn Ferguson, uma mulher sem talento totalmente desconhecido que ascendeu à fama como a alegada autora de "A Conspiração de Aquário", uma tradução de um livro fictício, mas Harmon não disse ao público que Ferguson e todos os participantes eram meros mercenários mantidos pela ROC, e que foi a ROC que deu vida à *Conspiração de Aquário.*[5]

Esta nova versão de uma antiga conspiração começou em 1960 e continuou a crescer como um cancro na política corporal ao longo de 1968, difundindo a mensagem pós-industrial de uma contra-cultura baseada em sociedades secretas ocultas, cujos nomes são legiões.

Os fundadores já foram nomeados. Os seus órgãos oficiais foram o Instituto Tavistock, o Instituto de Relações Sociais e o Centro de Investigação de Stanford, onde a psiquiatria social aplicada desempenhou um papel central na formação e orientação da NATO para a adopção da estratégia a longo prazo do ROC, que o estabelecimento apelidou de movimento Aquarian-New Age.

Muitas pessoas escreveram-me ao longo da minha carreira, perguntando-me porque não escrevi sobre a "Nova Ordem Mundial". Bem, tenho vindo a escrever sobre estes e outros tópicos desde 1969. O problema é que as pessoas não davam ouvidos a alguém tão desconhecido como eu era na altura. Mas quando um maluco como Marilyn Ferguson, apoiado pelo poder da Fundação Rockefeller, saiu com exactamente a mesma coisa que eu tinha avisado, perguntaram: "Onde estiveste; porque não nos disseste isto? "

A verdade é que levei o meu trabalho, a Nova Era de Aquário, o Clube de Roma e o Comité dos 300 à atenção dos assinantes muito antes destes nomes chegarem à

---

[5] "The Aquarian Conspiracy", Ndt.

atenção de outros - quinze anos antes, para ser preciso.

Em retrospectiva, os meus relatórios estavam anos à frente do seu tempo, muito antes destas coisas se tornarem conhecidas por outros escritores de direita na América.

Um dos primeiros ataques aos Estados Unidos começou com a Crise dos Mísseis Cubanos, quando John F. Kennedy rejeitou os conselhos do Tavistock Institute, do CFR, do Rand Institute e de Stanford. Isto fez de Kennedy um alvo de eliminação. O seu assassinato, ainda velado por uma multidão de relatos contraditórios, é um grande insulto ao povo americano. Recapitulei o que sei sobre os autores deste crime hediondo no meu livro "The Committee of 300",[6] revisto, actualizado e publicado em Janeiro de 2007.

Kennedy adoptou uma estratégia de defesa de "resposta suave", que não se baseava numa guerra psicológica conduzida pela ala política da OTAN através de planeadores de defesa civil. Mas Kennedy optou por cortar na defesa civil e, em vez disso, criou um novo programa espacial maciço para a actualização tecnológica da indústria norte-americana. Ao fazê-lo, Kennedy assinou a sua sentença de morte. Veja-se o poder das forças da Nova Teocracia da Ordem Mundial. Não hesitaram em assassinar o Presidente dos Estados Unidos em Novembro de 1963.

No início de 1963 uma certa agência de assassinatos, cujo nome não tenho liberdade para revelar, assinou um contrato com o Instituto Tavistock de Relações Humanas. Note-se o

[6] *A hierarquia dos conspiradores - História do Comité de 300,* Omnia Veritas Ltd. www.omnia-veritas.com.

uso indevido das palavras "relações humanas". O contrato foi adjudicado a vários afiliados americanos da Tavistock, incluindo a Stanford Research, o Instituto de Relações Sociais e a Rand Corporation.

Tavistock tornou então públicos os resultados dos "estudos científicos" conduzidos por estes grupos de reflexão e passou esta informação para a ala política da OTAN.

Aqueles de vós que estão a depositar as suas esperanças na OTAN devem compreender melhor o que se está a passar. A OTAN é uma criatura do Clube de Roma, que obedece a um corpo organizado de criados conhecido como o Comité dos 300.

CAPÍTULO 10

AS SOCIEDADES SECRETAS GOVERNAM NOS BASTIDORES

Na sequência deste desenvolvimento, em 1966, o Dr Anatol Rappaport, editor da Tavistock's *Human Relations Magazine*, salientou que o programa espacial da NASA era redundante e que os EUA estavam ocupados com programas espaciais quando deveriam ter gasto o dinheiro em estudos de 'qualidade humana'.

A reportagem da *revista Human Relations Magazine* deveria virar a opinião pública americana contra os programas espaciais. Após o assassinato de Kennedy, pareceu durante algum tempo como se o nosso programa espacial fosse abandonado, depois veio a vitória esmagadora de Ronald Reagan nas eleições de Novembro, o que levou à reunião sem precedentes dos melhores bronzeadores do ROC em Washington, em Novembro de 1980.

Como tenho afirmado frequentemente nas minhas palestras e escritos desde 1969, o mundo é dirigido por pessoas muito diferentes daquelas que vemos da frente, uma observação que se tornou pela primeira vez famosa por Lord Beaconsfield (Disraeli). De tempos a tempos somos amplamente avisados da verdade desta observação, mas de forma velada. Parece que os chamados líderes do governo de um mundo são por vezes incapazes de se conterem quando obtêm uma grande vitória.

Um exemplo do que quero dizer foi fornecido pelo Coronel Mandel House, o controlador dos Presidentes Wilson e Roosevelt. House escreveu um livro, *Phillip Drew: Administrator, que* deveria ser ficção, mas na realidade um relato detalhado de como o governo secreto dos Estados Unidos deveria ser vendido como escravo numa Ordem Mundial Um Governo Mundial - Nova Ordem Mundial.

Disraeli, o lendário primeiro-ministro britânico e principal parlamentar e protegido dos Rothschilds, fez um relato do funcionamento do governo secreto britânico intitulado *Coningsby*, que indicava que os grupos secretos que controlavam os governos britânico e americano pretendiam governar o mundo. As sociedades secretas têm sido e continuam a ser o arqui-inimigo do mundo livre. Enquanto tais sociedades secretas diversificadas e numerosas florescerem entre nós, não somos homens livres. Agitar bandeiras e bater o tambor do patriotismo no dia 4 de Julho não vai mudar esta dura verdade.

As sociedades secretas têm líderes que dirigem o mundo a partir dos bastidores. Se queremos compreender os acontecimentos actuais nos domínios da política e da economia, precisamos de ter um bom conhecimento das sociedades secretas.

O Clube de Roma (COR) é apenas uma extensão, uma aliança permanente das antigas famílias da nobreza negra da Europa, dominada por crenças e práticas ocultas que datam de há milhares de anos. Os antigos ritos mizraim do Egipto (antes da chegada dos filhos de Noé), Síria,

Babilónia e Pérsia foram transportados para a Europa pelos oligarcas venezianos e britânicos.

Os Bogomils, os cátaros - estes são os tipos de "crenças religiosas" que trouxeram na sua esteira um ataque às opiniões cristãs e aos princípios ocidentais. O amor de intriga do Oriente foi transplantado para o Ocidente, com resultados tão abrangentes que muitas vezes estão para além da nossa imaginação.

Os danos causados por estas sociedades secretas são impressionantes. Por exemplo, sabemos que a Guerra da Crimeia foi iniciada por capricho da Maçonaria, e que a Primeira e Segunda Guerras Mundiais seguiram o mesmo caminho. Nunca poderemos saber o quanto as forças obscuras e secretas das sociedades secretas entre nós estão a influenciar os acontecimentos actuais.

A Guerra Bôer, provavelmente a guerra mais importante do século 20 , porque colocou sociedades secretas e as suas misteriosas religiões contra uma nação cristã de liberdade e patriotismo, agressores cuja intenção era roubar aos bôeres o seu ouro recém-descoberto. Um dos homens mais poderosos da política britânica durante este período indecoroso da história britânica foi Lord Palmerston, que pertenceu a muitas sociedades secretas e cuja liderança do Parlamento foi influenciada pela Maçonaria. O próprio Palmerston admitiu que isto era verdade.

Cabe-nos a nós, o povo, acordar para o facto de que estamos em conflito com homens espiritualmente perversos em lugares altos. Não somos contra entidades meramente físicas. As forças invisíveis são mais fortes do que as visíveis. Estas forças controlam os Estados Unidos e vemos isto no facto de mais de 75% dos membros democratas da Câmara e do Senado serem socialistas hardcore.

Harlan Cleveland

Talvez o membro mais conhecido do USACOR seja Harlan Cleveland, antigo Embaixador dos EUA na OTAN nos anos 60 e antigo Vice-Presidente do Conselho do Atlântico, a principal presença da OTAN nos EUA.

Cleveland chefiou o escritório de Princeton, Nova Jersey, do Aspen Institute for Humanistic Studies, a filial americana do Tavistock Institute of Human Relations. Aspen é suposto ser um "think tank" dedicado às questões ambientais, mas isso é apenas uma folha de figo, uma cortina de fumo para cobrir as suas actividades reais - fazendo guerra à indústria e agricultura americanas.

William Watts

Um membro do Conselho do Atlântico e um director da Tomack Associates, a frente de divulgação dos *Limites de Crescimento* do COR, um estudo de 1972-73 que pretende mostrar como a indústria e o "desenvolvimento agrícola excessivo" estão a arruinar a ecologia. Watts está encarregado de divulgar a versão disfarçada de Aspen da antiga teoria do crescimento zero de Thomas Malthus, que na realidade teve origem no antigo culto de Dionísio.

George McGee

O Sr. McGee, membro do Conselho Atlântico, é um antigo Subsecretário de Estado para os Assuntos Políticos na OTAN e antigo Embaixador dos EUA na Turquia. Mais tarde serviu como embaixador dos EUA em Bona, Alemanha.

Claiborne K. Pell

Pell foi o senador americano de Rhode Island e um antigo representante parlamentar dos EUA no Conselho do Atlântico. Pell é um forte apoiante da política do NRC de que as forças da OTAN devem supervisionar a aplicação das normas ambientais em todo o mundo. Pell apoia fortemente a desindustrialização de todos os países, incluindo os EUA. Manifestou frequentemente a sua simpatia pela teoria de Russell de abater a "população excedentária". Pell participou com Cyrus Vance na elaboração dos termos do relatório da Global 2000. Pell coopera com Cyrus Vance e com o Secretário-Geral da OTAN Joseph Lunz, e participa frequentemente nas reuniões de Bilderberg.

Donald Lesh

Ex-funcionário da Tomack Associates, Lesh é director executivo da USACOR. Também trabalhou em tempos para a Agência Nacional de Segurança (NSA) e ajudou Kissinger a criar o aparelho europeu da NSA. Neste contexto, trabalhou com Helmut Sonenfelt, que tem estado ligado a Kissinger como um gémeo siamês desde a descoberta dos ficheiros Bamberg. William Highland, apresentado como especialista sobre a União Soviética, também trabalhou para o escritório europeu da NSA.

Sol Linowitz

Mais conhecido por elaborar o tratado fraudulento e

inconstitucional do Canal do Panamá, Linowitz tornou-se um confidente da Carter, e é bem conhecido no Comité do 300, Rank Xerox Corporation e é membro do Comité do 300.

J. Walter Lew (Levy)

Levy é o analista petrolífero residente no Council on Foreign Relations (CFR) em Nova Iorque, director do Atlantic Council e um membro do Grupo Bilderberg. Levy desenvolveu o programa da Comissão Brandt de políticos socialistas internacionais. Embora Brandt seja quase sempre embriagado, é no entanto um dos socialistas mais perigosos da cena contemporânea.

Joseph Slater

O Sr. Slater é Director do Instituto Aspen, a sede socialista do Comité dos 300 nos Estados Unidos. Anteriormente era o embaixador dos EUA na OTAN. Estes são alguns dos principais actores de um ninho de sedicionistas nos EUA. A sua principal função é acelerar o plano de crescimento zero pós-industrial elaborado pela ROC e transformar as antigas cidades industriais do Nordeste em entidades de trabalho escravo sob o título de "zonas empresariais". Um alvo é o programa SDI do Presidente Reagan, que poria um fim definitivo à estratégia louca de Kissinger e Robert McNamara. A OTAN está destacada para reunir todos os aspectos da agenda anti-americana.

CAPÍTULO 11

NASA E O CLUBE DE ROMA

Um exemplo disto é o envolvimento dos EUA na Guerra das Malvinas, quando os EUA forneceram instalações de apoio que permitiram às forças britânicas derrotar a Argentina, que teve de ser derrubada, devido ao seu excelente programa de exportação de centrais nucleares.

Uma das maiores realizações do Clube Americano de Roma até à data tem sido tirar o programa espacial aos militares e entregá-lo à NASA, uma agência civil. O antigo Presidente Eisenhower ficou mais do que satisfeito por cumprir as instruções que recebeu de Londres para implementar esta mudança.

Mas a mudança pode ter tido um efeito contrário. Em Maio de 1967, um estudo de perfil da NASA realizado pelo Instituto Tavistock de Relações Humanas revelou que a NASA se tinha tornado um grande empregador de pessoal industrial e científico, exactamente o oposto dos planos de desindustrialização da COR. O relatório Tavistock fez soar o alarme nos escritórios de sedicionistas e traidores do Colorado a Washington e a Nova Iorque.

A sua resposta foi a criação de um "comité seleccionado" sob a liderança de Robert Strauss Haptfz, Embaixador dos EUA na OTAN. A tarefa do comité era instituir medidas imediatas de controlo de danos, que se esperava que aleijassem a NASA. Foi convocada uma reunião para discutir o que foi designado como "desequilíbrio tecnológico e colaboração transatlântica". A reunião teve lugar em Deauville, França, e contou com a presença de Aurellio Peccei e Zbignew Brzezinski.

Esta reunião de sedicionistas e inimigos do povo dos Estados Unidos foi convenientemente ignorada pelos meios de comunicação social, os mesmos meios de comunicação social que mais tarde se esforçariam - e conseguiriam - por retirar o Presidente Nixon da Casa Branca.

Foi nesta reunião que Brzezinski se inspirou no seu livro, *Between Two Ages: The* Technotronic *Era,* que citei longamente no meu livro, *The Committee of 300.*

Neste livro, Brzezinski esboça o ideal de uma Nova Ordem Mundial socialista, baseada em conceitos orwellianos; um mundo governado por uma elite intelectual e uma super-cultura baseada numa rede de comunicações electrónicas, num conceito de regionalismo com soberania nacional simbólica.

A conferência de Deauville concluiu que deve haver uma convergência de ideais entre os EUA e a URSS (uma ideia totalmente rejeitada por Estaline que foi um verdadeiro espinho do lado do Comité dos 300).

Esta "convergência" daria origem a um único governo mundial para gerir os assuntos mundiais com base numa verdadeira gestão de crises e planeamento global. Recorde-se que esta sugestão de Rockefeller foi desprezada por Estaline e foi a sua recusa em aderir à Nova Ordem Mundial que levou à Guerra da Coreia.

Mesmo a história distorcida, censurada e inexacta da

Segunda Guerra Mundial, escrita por escritores pagos por Rockefeller, mostra que os EUA nunca lutaram contra o comunismo. Como poderia, quando a elite da era Wilson e os banqueiros de Wall Street eram os mesmos que colocaram Lenine e Trotsky no poder em conluio com Lord Alfred Milner e os banqueiros da City de Londres?

A Segunda Guerra Mundial foi uma situação artificial. Hitler foi criado pelos banqueiros de Wall Street e City de Londres, aparentemente a fim de cercar e levar Estaline ao calcanhar, depois de ter começado a rejeitar aberturas para estabelecer "o domínio do mundo comum".

Estaline não confiava no que ele chamava "os cosmopolitas de Washington". Hitler foi destruído porque se voltou contra os seus controladores, que então, à sua maneira dialéctica, apoiaram Estaline até ao punho no que consideravam ser o menor de dois perigos. Incapazes de controlar Hitler, os banqueiros internacionais tiveram de o destruir.

O resultado líquido da Segunda Guerra Mundial foi a emergência de um sistema comunista mais forte e formidável, capaz de espalhar os seus tentáculos por todo o mundo. A União Soviética foi transformada de uma potência regional para uma potência global.

A Segunda Guerra Mundial custou milhões de vidas e biliões de dólares, e tudo devido a uma chocante má utilização de recursos por homens com planos grandiosos para governar o mundo, e não estou a falar de Hitler e Estaline. Estou a falar do CFR, do RIIA, do Clube de Roma e do Comité dos 300. Se alguém me puder dar uma lista dos alegados benefícios da Segunda Guerra Mundial ou explicar as "liberdades" que trouxe ao povo da América ou da Europa, adoraria ouvi-la.

Tanto quanto posso ver, o mundo é hoje mil vezes pior do que era em 1939. O socialismo apoderou-se dos Estados Unidos em resultado da Segunda Guerra Mundial. As nossas indústrias foram destruídas; milhões de trabalhadores perderam os seus empregos. Não podemos culpar Hitler (ou Estaline) por este estado de coisas artificial. Peccei colocou-o em perspectiva quando disse:

> *... Desde que o milénio foi abordado no cristianismo, multidões de pessoas estão realmente em suspense sobre eventos iminentes de coisas desconhecidas que poderiam mudar completamente o seu destino colectivo. O homem não sabe como ser um homem verdadeiramente moderno.*

O que Peccei nos dizia era que os ocultistas, os esoteristas, a Nova Era - eles sabem o que é bom para nós, e é melhor que nos conformemos com os ditames da Nova Ordem Mundial ou que sejamos destruídos.

Temos de aprender a viver e a comportar-nos dentro do modelo de *limites de crescimento da* ROC, que inclui um limite para as religiões que podemos seguir. Temos de aprender a viver dentro das restrições impostas à nossa economia pelo ROC e não nos rebelarmos contra a nova ordem monetária.

Temos também de aceitar a ideia de que somos substituíveis. Peccei diz que "o homem inventou a história do dragão mau, mas se alguma vez existiu um dragão mau na terra, foi o próprio homem".

Peccei dá então o plano completo do jogo:

> *Desde que o homem abriu a caixa de novas tecnologias de*

Pandora, tem sofrido de proliferação humana incontrolável, mania de crescimento, crise energética, potenciais carências reais, degradação ambiental, loucura nuclear e inúmeras outras aflições.

CAPÍTULO 12

A CONFUSÃO DOS SISTEMAS MONETÁRIOS

Nestas poucas palavras, encontramos todo o conjunto de planos para a humanidade delineados pelo ROC para o Comité dos 300.

Isto responde em poucas palavras à pergunta mais frequentemente feita: *"Porque é que eles iriam querer fazer estas coisas?* "Aqui temos um esoterista do pior grau a dizer às pessoas que o ROC que fala pelos seus mestres no Comité dos 300 sabe o que é melhor para todo o mundo.

Não foi muito depois do seu discurso que Peccei adoptou o modelo "World Dynamics", construído para o Comité dos 300 por Jay Forrester e Dennis Meadows, que é um modelo de planeamento global que é suposto demonstrar a insustentabilidade de sistemas complexos para mostrar que estruturas de menor escala deveriam predominar na economia global. Para este fim, é claro, o relatório Meadows-Forrester baseou as suas ideias exclusivamente nos estudos económicos negativos e restritivos de Malthus e Adam Smith, o economista britânico das Índias Orientais que formulou a política de "comércio livre" britânica.

A economia mítica de Forrester Meadows ignora o engenho do homem, que encontrará um fornecimento inesgotável de novos minerais ou recursos dos quais ainda não temos conhecimento. Na verdade, o que está a esgotar os nossos recursos é o papel-moeda, se é que podemos chamar a qualquer coisa de papel-moeda.

O sistema monetário americano é uma confusão gigantesca devido à interferência de membros da hierarquia oligárquica, cuja intenção é fazer de todos nós escravos.

Apenas o papel-moeda não garantido prejudica os recursos naturais do planeta, e por não garantido quero dizer que os dólares americanos não são apoiados por prata e ouro como exigido pela Constituição dos Estados Unidos da América. De facto, não há nenhuma moeda com curso legal nos Estados Unidos neste momento, e nunca existiu desde o advento da Lei da Reserva Federal.

Não admira que estejamos numa tal confusão financeira, quando um consórcio privado (o Banco da Reserva Federal) foi autorizado a assumir o nosso dinheiro e a usá-lo como entender, sem que as pessoas que o possuem tenham qualquer controlo sobre ele.

Uma economia baseada no ouro e na prata renovará e reciclará os recursos naturais. Uma sociedade baseada na fissão nuclear abriria novas janelas de oportunidade. No entanto, Meadows e Forrester ignoraram a magia da chama de fusão. É fácil explicar como a ROC poderia ignorar as novas tecnologias. Simplesmente porque não os queria.

Nova tecnologia significa novos empregos e um povo mais próspero. Uma população mais próspera significa um aumento da população da América do Norte, o que os porta-vozes da COR dizem ser indesejável e uma ameaça à vida na Terra!

A verdade é que ainda nem sequer começámos a explorar os recursos naturais da Terra. Todo o conceito da Nova Era das Trevas e da Nova Ordem Mundial, de Russell a Peccei, de Meadows a Forrester, é fatalmente falho e concebido para retardar o crescimento industrial, o emprego e, em última análise, a eliminação da população mundial.

(NOTA: A Conferência da ONU sobre o Controlo da População, realizada no Cairo em Agosto de 1994, foi uma extensão do plano Global 2000 para matar 2,5 mil milhões de pessoas até 2010).

Em relação à energia nuclear, disse o Sr. Peccei:

> *Sou mais pessimista e radical do que os meus amigos no meu julgamento da solução nuclear. Não estou em posição de julgar ou mesmo adivinhar se pode ser tornado limpo, seguro e fiável para a sociedade humana, como muitos cientistas e quase todos os políticos e indústria afirmam.*
>
> *Mas estou preparado para argumentar que o que não é suficientemente fiável, seguro e limpo é a própria sociedade humana. Passei muitas páginas a descrever o seu estado confuso, a sua incapacidade de se governar a si próprio, de agir racionalmente e humanamente e de aliviar as tensões que o destroem, e por isso não posso acreditar que no seu estado actual possa sair da energia nuclear.*

Isto é quase uma cópia a carbono do que os grupos ambientalistas dizem sobre a energia nuclear ser a fonte de energia mais barata, mais limpa e mais segura do mundo.

É também um veículo para a criação de milhões de novos

empregos, estáveis e a longo prazo.

> *Não posso imaginar que esta mesma sociedade seja capaz, dentro de algumas décadas, de acolher e proteger em segurança vários milhares de enormes centrais nucleares e de transportar através do planeta e processar mesmo um quarto do plutónio-239 mortal, dez mil vezes mais do que seria necessário para matar toda a gente viva hoje em dia.*
>
> *Que a humanidade deve embarcar na energia nuclear sem estar previamente preparada em todo o seu sistema humano pelo seu comportamento imprudente e irresponsável é a questão; os verdadeiros problemas não são técnicos ou económicos, mas políticos, sociais e culturais.*
>
> *Aqueles que hoje estão intoxicados com pequenas doses da droga dura nuclear, como eu lhe chamei, e que estão a pressionar um programa para a disseminar por todo o corpo da sociedade, estão na realidade a condenar os seus sucessores a viverem inteiramente de acordo com ela amanhã.*

E porque não! A energia nuclear é a maior descoberta que o mundo já conheceu. Libertar-nos-á. É por isso que os inimigos da humanidade, o Clube de Roma, lutam em todas as frentes para desvalorizar a energia nuclear e fazê-la parecer um perigo terrível para nós. A energia nuclear é segura. Até agora, ninguém foi morto pela energia gerada por energia nuclear enquanto trabalhava numa central deste tipo.

Dar-nos-á grande liberdade, revitalizará as nossas capacidades industriais - dar-lhes-á nova vida - e dar-nos-á maior liberdade como indivíduos, porque milhões de nós teremos empregos a longo prazo, bem remunerados. Uma maior liberdade é um anátema para o Clube de Roma. O Clube de Roma quer menos liberdade individual, não mais. Esta é a essência da questão da energia nuclear.

Peccei continuou a rejeitar a fissão nuclear numa frase e disse:

> *A sua viabilidade continua por demonstrar, mas actualmente nenhum plano futuro pode ser baseado nele de forma fiável. É improvável que a energia se torne abundante, barata e sem desvantagens ambientais e sociais.*
>
> *Se a energia abundante, barata e limpa estivesse disponível, as perspectivas de soluções tecnologicamente avançadas para alimentos e materiais seriam muito boas.*

Parou aí, mas eis a questão: o Clube de Roma não quer que aumentemos as nossas capacidades tecnológicas, produzamos mais alimentos e melhoremos o nosso nível de vida.

Concebeu um programa chamado Global 2000, que apela à morte de 2 mil milhões de pessoas até 2010, embora o número final que vi no relatório indique que o Clube de Roma ficará satisfeito se 400 milhões de pessoas forem dizimadas da face da terra até 2010.

Peccei deixou claro que as novas descobertas científicas e as novas tecnologias como meio de aumentar o progresso material não são desejadas pelo Clube de Roma, que afirma ser o único árbitro do planeamento global no seio da OTAN.

Isto, claro, é depois de terem tomado e subjugado uma Rússia rebelde. E repito, o que vemos hoje no mundo é uma clivagem entre a América e a Rússia. Peccei utilizou o embargo petrolífero artificialmente criado da guerra árabe-israelita de 1973 como um aviso. Ele disse que isso fez com que "muitas pessoas se alinhassem com o pensamento do Clube de Roma".

Foi de facto um ponto de partida para muitas pessoas que romperam com os seus velhos modos de pensar e levaram muito mais a sério os conselhos do Clube de Roma. Já disse que estas pessoas por vezes não conseguem manter a boca fechada. Eis um homem que admite abertamente que a guerra israelo-árabe de 1973 foi uma situação artificial de falsa escassez de petróleo no mundo, e que ao fazê-lo convenceu mais pessoas de que mais pequena é melhor e mais bela, e que o progresso industrial deveria ser travado.

A razão de ser do Clube de Roma, claro, é que a prova destas reivindicações, tal como formuladas nos relatórios Forrester-Meadows, foi levada a muitas pessoas pelo embargo petrolífero de 1973. Durante o período 1973-74, a influência do Clube de Roma sobre as políticas de muitos governos aumentou dramaticamente.

A Rainha Juliana dos Países Baixos ordenou que uma exposição das ideias do Clube de Roma fosse exibida no centro de Roterdão. Pouco tempo depois, o Clube realizou reuniões com o Ministro das Finanças francês e criou a chamada *Internacional sem Reprovação* para discutir as implicações do relatório do Clube de Roma.

CAPÍTULO 13

PREDIÇÕES DIREITAS

Em 1972, Peccei foi convidado pelo Conselho da Europa a apresentar um documento intitulado "Limites do Crescimento em Perspectiva" a uma sessão especial de parlamentares europeus.

No início de 1974, graças ao trabalho de Peccei e do chanceler austríaco Bruno Krysky - amigo social-democrata de Willy Brandt - dez membros do Clube de Roma realizaram uma reunião privada com vários chefes de Estado, incluindo o antigo primeiro-ministro canadiano Pierre Trudeau, o antigo primeiro-ministro holandês Joop Den Uyl, o antigo presidente suíço Nello Tiello, representantes da Argélia e do Paquistão, etc. Nas palavras de Peccei, as sementes da dúvida foram semeadas.

O relatório Forrester-Meadows também provocou uma oposição muito forte por parte dos industriais e outros que se aperceberam que as políticas de crescimento zero nunca funcionariam para os Estados Unidos da América. Como resultado desta realização, o Clube tentou obter um contra-movimento liderado por Misarovick e Edward Pestell, que declararam que o objectivo do Clube de Roma era o de programar o crescimento orgânico:

"O mundo tem um cancro e esse cancro é o homem",

disse o Sr. Pestell.

Em segundo lugar, a ROC apelou ao desenvolvimento de um plano director que conduzisse à criação de uma nova humanidade, por outras palavras, uma Nova Ordem Mundial liderada por estas pessoas.

O Clube de Roma deveria ser estabelecido em vários países do Terceiro Mundo, incluindo o Irão, Egipto e Venezuela, México e Argélia, após o que estes países foram convidados a aderir, mas recusaram-se a fazê-lo.

Um plano do Instituto de Formação e Investigação das Nações Unidas intitulado "*Projectos Futuros*", escrito pelo membro do Clube de Roma Irvin Lazlow, foi uma amarga denúncia do crescimento industrial e da civilização urbana. Denunciava as actuais políticas de industrialização dos Estados Unidos da América. Ele denunciou a classe média e exigiu, como Lenine tinha feito antes dele, a destruição total da classe média americana, aquela instituição única, aquele organismo, que impede os Estados Unidos de seguir o caminho dos impérios grego e romano.

Nisto, Lazlow foi habilmente assistido pelos criados pagos da ROC, Cyrus Vance e Henry Kissinger. Muitos dos socialistas citados nesta monografia encontraram-se regularmente com Vance e Kissinger.

Como mencionei num livro anterior, o Clube de Roma patrocinou um projecto de reescrever o livro de Génesis para substituir a injunção bíblica de que o homem deveria dominar a natureza.

Outros apoiantes do Clube de Roma incluíam Cyrus Vance

e o próprio Jimmy Carter, bem como Sol Linowitz, Phillip Klutznick, William Ryan - da ordem jesuíta de Toronto - e Peter Henriatt, que era especialista em teologia da libertação.

Estas pessoas juntaram-se todas sob os auspícios do Clube de Roma para promover uma campanha global de fundamentalismo religioso que poderia ser utilizada para derrubar a ordem mundial existente e os governos no momento apropriado, e este plano está a ser implementado. Está parcialmente em vigor, mas ainda não está totalmente desenvolvido.

Gostaria de voltar à questão da energia nuclear. Existe uma enorme pressão contra a energia nuclear - e temos visto acções em todas as frentes: judicial, económica, social e política. Mas de acordo com estudos da Universidade Arken da Alemanha Ocidental sobre os efeitos das armas nucleares, se apenas 10% das armas nucleares das superpotências fossem detonadas, o subproduto incluiria uma quantidade muito significativa de isótopo de césio que se prevê ser assimilado ao caminho do iodo do processo de vida. Poderiam ser gerados césios radioactivos em quantidade suficiente para matar todas as formas de vida mais elevadas afectadas em todo o mundo.

Mas é claro que esta é apenas mais uma história de terror espalhada pelo Clube de Roma, tal como o medo da guerra termonuclear é uma história de terror manipulada pelos lavadores de cérebros de ambos os lados do Atlântico.

A ideia por detrás disto é fazer do próprio nome "radioactivo" uma palavra de horror na mente da maioria da população mundial. Assim, o receio gerado contra a utilização pacífica da energia nuclear tem sido muito, muito forte e tem conseguido aniquilar uma série de grandes planos de construção e suspender dezenas de centrais nucleares que iriam ser construídas nos Estados Unidos nos próximos dez anos.

O único perigo que dá pesadelos a algumas pessoas decentes é o medo de que uma central nuclear seja atingida por uma poderosa explosão nuclear, ou que um fanático anti-nuclear altamente treinado entre na central e a faça explodir, o que, naturalmente, causaria uma explosão secundária.

No entanto, as tentativas de sabotagem de centrais nucleares, como demonstraram as provas conclusivas em Three Mile Island, não são susceptíveis de causar tantos danos como os que seriam causados pela detonação de armas nucleares.

Vidas estão actualmente ameaçadas por dezenas de vírus de origem humana, como o VIH e o Ébola, nos quais a energia nuclear não desempenha qualquer papel.

O estudo, utilizando técnicas padrão, descobriu que mesmo pelas estimativas mais conservadoras, mais de um milhão de empregos foram perdidos pela eliminação de instalações de energia nuclear já em construção e daquelas já em funcionamento em meados de 2008. No entanto, nem uma única pessoa foi morta pela produção de energia de fissão comercial nos EUA! É verdade; nem uma única pessoa morreu na chamada "catástrofe nuclear" na fábrica de Three Mile Island, que não foi um acidente, mas um acto deliberadamente planeado de sabotagem.

No mesmo período de tempo, milhões de pessoas morreram de SIDA, e mais milhões irão morrer, graças aos planos genocidas da Global 2000. Mais de 50.000 pessoas morrem todos os anos nas estradas da América em acidentes de viação, mas até agora, em mais de quatro décadas, as centrais nucleares nos EUA não mataram uma única pessoa!

Mas mais de 100 milhões de vidas foram postas em risco pelas forças pró-nucleares do Clube de Roma e da OTAN, que estão constantemente a fazer uma lavagem cerebral a esta nação com uma barragem de propaganda antinuclear.

O interessante nisto é o seguinte: O próprio corpo humano produz radioactividade a tal ponto que físicos eminentes propuseram há alguns anos que não deveriam ser permitidas mais de duas pessoas na mesma sala ao mesmo tempo. Por outro lado, uma viagem de esqui nas montanhas ou um voo num avião expõe uma pessoa a muito mais radioactividade do que encostar-se à parede de uma central nuclear durante um ano.

Outro ponto interessante é que uma central alimentada a carvão emite mais radioactividade para a atmosfera por quilowatt do que uma central de fissão. Ao extrair urânio para combustível físsil, reduzimos efectivamente a quantidade total de radioactividade a que estamos expostos através de consequências naturais.

Actualmente, os programas de reprocessamento e eliminação de resíduos fraccionados existentes protegem absolutamente a humanidade de qualquer risco, desde que o material permaneça no ciclo de reprocessamento da combustão. E isto é possível.

É por isso que os fanáticos anti-nucleares que sabotaram o programa nuclear do país têm sido fiéis à sua denúncia da acumulação de resíduos de combustível radioactivo. Com a entrada em linha de reactores reprodutores rápidos, a quantidade fracionada de resíduos não processados, que é inferior a 5%, pode ser ainda mais reduzida. Utilizando programas de feixes de partículas inventados e implementados pelo génio do Dr. Edward Teller, os feixes de neutrões acelerados podem ser aplicados aos resíduos indesejados, e podem ser completamente neutralizados através da sua transformação por bombardeamento controlado de neutrões. Isto já foi feito e pode ser feito, e é bastante viável, e certamente não é caro.

Desde a década de 1970, vimos o Clube de Roma travar uma guerra implacável contra os programas de energia nuclear neste país, quer cancelando-os por causa de receios ambientais, quer retirando-lhes o financiamento, ou uma combinação de ambos. O efeito líquido de tudo isto tem sido o aumento dos custos de construção de centrais nucleares e, claro, dos custos de produção de energia a partir delas em milhares de milhões de dólares.

Uma central nuclear é normalmente fácil de construir dentro de quatro anos, mas claro que se o tempo de construção for duplicado - como aconteceu na América devido à oposição de ambientalistas, autoridades locais e Estados - os custos de construção e financiamento explodem o preço final da central.

Estas dispendiosas tácticas dilatórias combinadas com as elevadas taxas de juro dos banqueiros do Clube de Roma, que se traduziram numa verdadeira usura, levaram a uma paragem virtual na construção de centrais nucleares nos EUA. Em 2008, com o aumento dos preços do petróleo bruto, é ainda mais crucial a construção de centrais nucleares.

As centrais eléctricas antinucleares devem ser uma das grandes histórias de sucesso do Clube de Roma. Se assim não fosse, a industrialização da América já teria progredido a passos largos, e estou feliz por poder dizer que o desemprego seria uma coisa do passado.

Neste momento, em meados de 2008, cerca de 15 milhões de americanos estão desempregados, ou pelo menos assim diz o governo. Com centrais nucleares em plena produção, este não seria o caso. O combustível nuclear é o mais barato por quilowatt de qualquer combustível disponível no mundo, agora ou em qualquer altura.

CAPÍTULO 14

RESTRINGINDO A ENERGIA NUCLEAR

A tecnologia de fusão é a única fonte de energia nova ambientalmente aceitável necessária se, e este é um grande se, os Estados Unidos continuarem a ter uma economia saudável e uma base industrial em crescimento, proporcionando pleno emprego ao seu grande conjunto de trabalhadores qualificados. Sem uma economia saudável e uma base industrial em crescimento, os Estados Unidos não podem continuar a ser uma potência mundial ou mesmo manter a sua actual posição instável na estrutura de poder militar do mundo. Se pudéssemos frustrar os planos do Clube de Roma, o país como um todo beneficiaria de três formas imediatas:

- Haveria uma enorme expansão das nossas infra-estruturas económicas, resultando no maior boom económico que os EUA alguma vez viram.
- Proporcionaria oportunidades de emprego, eliminando, atrevo-me a sugerir, toda a base de desemprego dos EUA.
- Aumentaria os lucros para os investidores. Também tornaria mais barato e menos caro produzir energia na América, sem custar à economia um cêntimo a mais. Imagine os benefícios de não ter de importar petróleo saudita. A nossa situação da balança de pagamentos melhoraria muito rapidamente. Dentro

> de seis meses, a nossa economia e mercado de trabalho terão sofrido uma transição espantosa.

Tudo isto seria feito sem aumentar os impostos. A tecnologia está lá e a vontade está lá - o que impede o desenvolvimento nacional é o Clube de Roma com a sua política orquestrada de oposição à energia nuclear.

Portanto, cabe-nos a nós fazer passar a mensagem de que a energia nuclear não é má, mas boa. Se de alguma forma tivéssemos no Congresso representantes que colocassem os Estados Unidos em primeiro lugar, e não os seus próprios interesses, um programa de energia nuclear poderia ser lançado, levando a um novo boom de investimento de alta tecnologia, com milhões de dólares investidos e centenas de milhares de novos empregos criados.

Veríamos emergir novas indústrias; veríamos o desemprego desaparecer e o nível de vida neste país aumentar imensamente e a nossa base industrial e económica encorajar-nos-ia a tornarmo-nos a maior potência militar do mundo.

Nunca mais teríamos de nos preocupar com um ataque de uma potência estrangeira e nunca mais experimentaríamos os ciclos de expansão e quebra impostos aos EUA pelos bancos da Reserva Federal.

Isto é, evidentemente, diametralmente oposto às políticas do Clube de Roma. Portanto, estamos a lutar pelo nosso futuro, pelas nossas vidas, pelas nossas crianças e pela segurança deste grande país, o último bastião da liberdade no mundo. O que levou ao nosso actual estado de recessão? E não deixe que as estatísticas governamentais o enganem;

estamos em plena recessão profunda.

O que nos trouxe a este estado lamentável? Será que os recursos naturais deste país entraram em colapso? Certamente, a maioria das pessoas hoje em dia deve compreender que os eventos não acontecem simplesmente, mas são criados por um planeamento cuidadoso. A causa principal da doença que afecta a América é o fracasso dos sucessivos governos, depois do do Presidente Roosevelt, em insistir que a Grã-Bretanha trate os Estados Unidos como um país separado, independente e soberano, em vez de lhe impor a vontade do Comité dos 300 através do Clube de Roma e do Fundo Monetário Internacional, como têm feito desde o acordo especial alcançado por Winston Churchill e F.D. Roosevelt em 1938.

É claro que o "acordo especial" começou muito antes disso. Algumas pessoas escreveram-me e disseram: "Deve estar enganado, porque Churchill nem sequer era o primeiro-ministro de Inglaterra em 1938".

Claro, mas desde quando é que estas pessoas se preocupam com os títulos? Quando o infame Tratado Balfour foi acordado, será que estas pessoas foram ter com o Primeiro Ministro britânico, que ostensivamente controlava a Grã-Bretanha? Não, em vez disso apresentaram um longo memorando a Lord Rothschild, e foi Lord Rothschild quem redigiu a versão final do tratado que deu a Palestina aos sionistas, que a Grã-Bretanha não tinha o direito de conceder, uma vez que não lhes pertencia.

Vimos o mesmo acontecer com Roosevelt e Churchill. Churchill não era o Primeiro Ministro em 1938, mas isso não o impediu de negociar em nome das pessoas que lhe pertenciam de corpo e alma: o Comité dos 300. Churchill recebeu a sua formação durante a Guerra da Boer na África do Sul, e foi membro e mensageiro deste grupo de elite ao longo da sua vida.

Uma indicação do tipo de estratégia adoptada pela Grã-Bretanha é fornecida no livro publicado no final da Segunda Guerra Mundial por Elliot Roosevelt, filho e assistente de Franklin Roosevelt em tempo de guerra, intitulado *As I Saw It*.

Elliot Roosevelt registou as principais características de Franklin Roosevelt delineando a política americana do pós-guerra a Churchill. É claro que Churchill não tinha qualquer intenção de o seguir; ele sabia muito bem que o poder de derrubar as propostas de Roosevelt, sejam elas quais forem, era do Comité de 300 que dirigia a América.

Os agentes socialistas britânicos da mudança infiltraram-se nos EUA pelas dezenas, incluindo Walter Lippmann, que era o principal propagandista de Tavistock. Foi Lippmann que apresentou Lord John Maynard Keynes, o "maravilhoso" economista a uma América insuspeita, e foi a economia keynesiana que arruinou a economia dos EUA.

Foi Keynes que introduziu sistemas como os direitos especiais de desenho, a teoria do "multiplicador" e outras grotescamente imorais, perversas e vil injustiças impostas a quase toda a raça humana pela pequena minoria que dirige o mundo. E temos de compreender que esta não é uma frase oca. Estas pessoas governam o mundo e não vale a pena dizer, "...isto é a América e nós temos uma Constituição e não pode acontecer aqui".

A Constituição dos Estados Unidos foi espezinhada e total e completamente subvertida, de modo que hoje em dia não tem praticamente nenhuma força ou efeito.

Rockefeller criou o esquema de ajuda estrangeira. É o maior esquema que o mundo alguma vez viu, fora dos bancos da Reserva Federal. Torna as nações inteiramente dependentes da ajuda dos EUA, que tem um duplo objectivo:

- Isto permite que estas nações permaneçam sujeitas à vontade dos seus mestres no Conselho das Relações Exteriores.
- Impõe impostos ao contribuinte americano para além da sua capacidade de pagar e mantém-no tão ocupado a ganhar a vida para manter a sua cabeça acima da água que não tem tempo de olhar à sua volta para ver o que está a causar a sua miséria. Este sistema teve início em 1946.

Kissinger introduziu o hooliganismo na política mundial. Julius Klein da OSS deu a Kissinger o seu trabalho no exército como motorista do General Kramer. Kissinger tem actuado como um hooligan na política mundial desde que os britânicos o assumiram e tem custado caro à imagem americana e ao público.

Foi principalmente o trabalho de Kissinger que causou a agonia de milhões de pessoas famintas em África e fez com que as nações se dobrassem e abdicassem da sua integridade soberana.

Isto é inacreditável, e nunca poderia ter acontecido há três ou quatro anos atrás, mas está a acontecer agora mesmo, debaixo dos nossos narizes, no Brasil, México e Argentina, onde o FMI, a organização governamental ilegal de um mundo, o filho bastardo do Clube de Roma, está a forçar as nações a dobrarem o joelho e a abdicarem da sua integridade soberana e das suas matérias-primas, ou a enfrentarem a falência.

Este banco internacional único foi criado para roubar, despojar e despojar todos os países fracos dos seus recursos naturais. É disto que se trata o FMI. O FMI é um dos factores-chave na capacidade do Clube de Roma de dominar tantas nações.

Agora, penso não conhecer melhor do que estes senadores e congressistas em Washington e não ganho nada comparável aos seus salários, no entanto, estes chamados representantes do Nós o Povo apoiamos o financiamento inconstitucional do Fundo Monetário Internacional, que acabará por assumir o crédito e as políticas monetárias dos Estados Unidos, escravizando o povo num estado governamental mundial.

Os nossos representantes - *se alguma vez fossem nossos representantes* - poderiam trazer ordem e estabilidade aos Estados Unidos *com um* golpe de caneta, se ao menos tivéssemos um punhado de legisladores dispostos a obedecer à Constituição. Poderíamos iniciar uma nova industrialização deste país através da abolição do Conselho da Reserva Federal; decidindo sobre um sistema de distribuição justo; e introduzindo a energia nuclear, não só neste país, mas em todos os países em desenvolvimento.

Creio que estaríamos a entrar num período de utopia para este mundo, como nunca vimos antes. Isto, claro, está em total contradição com os planos do Clube de Roma, não só para este país, mas também para o resto do mundo.

Há vários aspectos interessantes no trabalho do Clube de Roma, um dos quais, como mencionei anteriormente, é o plano genocida Global 2000, baseado no relatório do Comité de Crise Populacional do Draper Fund, apoiado pelo General Maxwell Taylor e outros homens militares.

Para aqueles de vós que me perguntaram sobre certas pessoas no exército, sugiro que lhes perguntem se apoiam as conclusões do Comité de Crise Populacional do Draper Fund e o relatório do genocídio Global 2000.

O General Taylor parte do ridículo pressuposto de que todos os malthusianos fazem, que a riqueza vem dos recursos naturais. O General Taylor argumenta que a população dos países em desenvolvimento está a consumir demasiado das matérias-primas de que a elite necessitará nos próximos séculos.

CAPÍTULO 15

RELATÓRIO GLOBAL 2000

Por conseguinte, o argumento vai, temos de agir agora para manter o consumo tão baixo quanto possível, restringindo o acesso à tecnologia e mantendo a oferta de alimentos em escassez.

Devemos estar preparados para deixar morrer à fome os povos do terceiro mundo, para que as matérias-primas dos seus países não sejam absorvidas pelos seus próprios povos, mas estejam disponíveis para os líderes mundiais.

Esta é a premissa subjacente ao relatório Global 2000 e ao Comité de Crise Populacional do Fundo Draper do General Maxwell Taylor. Não surpreendentemente, Robert McNamara esteve envolvido nesta linha de pensamento.

Afinal, estamos muito familiarizados com o papel desempenhado por McNamara no Vietname e talvez menos familiarizados com o papel desempenhado pelo Clube de Roma na formulação de uma política de genocídio, que foi levada a cabo pelo regime de Pol Pot no Camboja.

Esta trama foi chocada e posta em marcha no Camboja como uma experiência. E não pensem que o mesmo não poderia acontecer na América; pode e irá acontecer. Taylor e McNamara eram grandes apoiantes do destacamento da

NATO para fora do seu teatro de operações (Europa), em violação da sua carta que exigia que operasse apenas na Europa.

Por outras palavras, graças às tropas da OTAN, os países recalcitrantes serão obrigados a pagar as suas dívidas usurárias ao FMI, sob ameaça de invasão. Esta é realmente a linha de fundo, uma ameaça à conduta civilizada.

A nossa civilização e o nosso património estão em jogo; transmitidos de Sólon de Atenas e das repúblicas das cidades-estado jónicas, podemos traçar o impulso para governar, estando os nossos ideais cristãos, e duas das características do cristianismo no centro desse ideal.

Devemos governar-nos a nós próprios de acordo com o livro do Génesis, "ser fecundos e multiplicar-nos, e encher a terra e subjugá-la". Podemos aumentar e sustentar a vida humana e torná-la excelente e muito melhor do que é actualmente. Não para os poucos que conhecem as regras esotéricas e as leis secretas do culto e do ocultismo, mas para a maioria, a grande maioria que Cristo disse ter vindo libertar, e mais uma vez, utilizo isto estritamente num contexto não religioso.

Devemos governar-nos sob a influência de princípios cristãos, exemplificados por Cristo, aperfeiçoando as suas faculdades racionais de mente e expressando a sua fé em Deus, um Deus vivo, que tratará sempre a vida humana como sagrada.

Não devemos permitir que estes artistas de magia negra oculta nos façam acreditar que a humanidade é uma massa de pessoas. Isto é uma mentira. A humanidade não é uma massa; a própria ideia de que cada um de nós é um indivíduo é realçada pelo facto de termos impressões digitais individuais.

Não há dois conjuntos de impressões digitais no mundo que sejam o mesmo. Por conseguinte, não somos uma massa de pessoas, somos indivíduos. Devemos recolher a informação tecnológica e fazer bom uso dela antes que o Clube de Roma nos reduza a uma tropa de sub-humanos de fácil gestão, totalmente dependente deles para esmolas e para a nossa própria existência, que promete ser muito escassa.

Qualquer líder de uma nação que aceite o culto da política malthusiana do Clube de Roma, o que significa simplesmente que apenas alguns deveriam beneficiar à custa de muitos, está a condenar-se a si próprio e ao seu povo a mil anos de escravatura.

Sob restrições malthusianas, nenhuma nação pode desenvolver-se ou crescer, porque se o fizer, esgotará os recursos naturais que, segundo o Clube de Roma, pertencem a uma minoria, a classe dominante. Tal nação está condenada a perecer porque as influências maléficas que seguem tal política não podem sobreviver à luz do dia.

É isto que está por detrás das chamadas "condicionalidades" impostas pelo FMI ao Brasil e ao México. O FMI quer de facto que estes países continuem a ser pobres.

Como resultado, torna os termos dos empréstimos tão impossíveis de cumprir que as nações estão exaustas a tentar pagar os juros. Assim, entregam-se de corpo e alma aos ditames e ao controlo do FMI, que, como disse, é o braço financeiro do Clube de Roma. Não devemos ficar de braços cruzados e deixar que estas coisas aconteçam.

O Clube de Roma está bem consciente, mesmo que os nossos cidadãos não o estejam, de que todos os países industriais bem sucedidos do século XIX, com excepção da Grã-Bretanha, foram motivados pelo sistema americano de economia política, e ainda hoje nenhuma universidade americana o ensina. Têm medo de o ensinar.

Os socialistas, o Professor Laski da Sociedade Fabian, proibiram-na. Mas vemo-lo diante dos nossos olhos - é apenas no Japão que o sistema americano ainda é aplicado com sucesso. Isto explica a aparente superioridade da economia japonesa em relação à da América. Fomos forçados a abandonar o nosso próprio sistema americano de economia política em favor da ideia da Nobreza Negra de como as coisas devem ser geridas, que é o socialismo mundial em acção

Mas o Japão fugiu. O desempenho da economia japonesa é a prova de que o sistema americano funciona, se lhe dermos uma oportunidade. Mas os Estados Unidos têm este cancro na sua sociedade chamada Clube de Roma, que está a bloquear o governo, bloqueando as nossas legislaturas, bloqueando o progresso da energia nuclear, destruindo as nossas siderurgias, a nossa indústria automóvel e a nossa indústria de habitação, enquanto os japoneses estão a avançar. É claro que também eles estão a sofrer um grande revés, e assim que o Clube de Roma se sentir suficientemente forte, voltará a sua atenção para os japoneses que irão sofrer o mesmo destino.

Não devemos permitir que isto aconteça. Temos de lutar para manter a América uma nação civilizada e industrial.

Temos de encontrar líderes que sigam novamente as políticas de George Washington e, no que diz respeito à economia política, expulsar os Keynes, Laski, Kissinger e a família Bush que trouxeram este país à beira da ruína.

A história diz-nos que o cristianismo emergiu como uma força institucional em oposição aos poderes das trevas. Cristo disse: "Eu venho para vos dar luz e liberdade".

Era dirigido a pessoas que, na altura, eram consideradas a escória da sociedade pela elite minoritária farisaica.

CAPÍTULO 16

A NOBREZA NEGRA

O cristianismo produziu a forma mais poderosa de civilização na arte de Estado e na cultura, razão pela qual o Clube de Roma se opõe tão veementemente à doutrina cristã. Tanto quanto sei, o último esforço para criar um único estado da cristandade ocidental foi derrotado por volta de 1268 d.C. pelos Guelphs Negros liderados pelos venezianos que derrotaram as forças associadas a Dante Alighieri, o grande poeta italiano.

Foram feitas muitas tentativas na Europa para criar um novo tipo de Estado. A república soberana de Estado-nação baseia-se no uso partilhado de uma língua comum, substituindo os dialectos, que prevaleciam na altura. A concepção de Dante foi boa e manteve-se firme até ser derrotada, o que, como sabemos, foi o resultado directo do esmagamento das forças republicanas em Inglaterra pelo estabelecimento, em 1603, da monarquia britânica sob o fantoche veneziano, James Ier .

Sabemos que por causa disto, foram feitos todos os esforços para esmagar esta nova forma de republicanismo de nação-estado. Esta guerra continua até aos dias de hoje. A Guerra da Independência Americana nunca terminou. Tem sido uma "batalha" contínua desde 1776, e desde então a América tem perdido duas grandes batalhas:

Em 1913 fomos derrotados por dois actos do governo federal: a introdução de um imposto progressivo sobre o rendimento - uma doutrina marxista - e a criação dos Bancos da Reserva Federal, um monopólio bancário privado.

Mas mesmo antes disso, golpes terríveis foram infligidos à República Americana pela aprovação da Specie Resumption Act em 1876-79, quando os Estados Unidos renunciaram à soberania sobre as suas políticas nacionais de moeda de crédito e dívida e colocaram as políticas monetárias da jovem República à mercê dos banqueiros internacionais da London Gold Exchange. O poder interno sobre os nossos assuntos monetários esteve subsequentemente cada vez mais à mercê dos poderosos agentes dos banqueiros britânicos e suíços, através do August Belmont, um parente dos Rothschilds que o enviou para os Estados Unidos para defender os seus interesses, e da dinastia J.P. Morgan.

Embora o próprio sistema de troca de ouro de Londres tenha caído em fases sucessivas entre a Primeira e a Segunda Guerra Mundial, o Fondi anglo-suíço veneziano, ou seja, o povo com os fundos, estabeleceu uma ditadura virtual sobre os assuntos monetários mundiais ao abrigo do Acordo Bretton-Woods, a burla do século.

Os Estados Unidos têm o poder de destruir todas estas correntes que ligam o seu povo; podem, e poderiam, se pudéssemos eleger legisladores que colocassem o seu país à frente dos seus interesses pessoais e se comprometessem a destruir esta monstruosidade do socialismo, que nos tem pela garganta, e a que agora chamamos Clube de Roma.

Várias pessoas perguntaram-me: "Se o que diz é verdade, porque é que as nossas universidades e escolas não ensinam o tipo de economia de que está a falar? "

Permitam-me salientar que os longos séculos de ditadura de Londres e dos banqueiros suíços sobre o sistema monetário e os assuntos do mundo é a razão número um absoluta porque nenhum departamento ou escola de economia em nenhuma universidade americana ensina economia correcta ou defende o sistema monetário de bimetallismo em que a nossa República, os Estados Unidos da América, foi fundada e que fez dos Estados Unidos o país mais rico e mais bem gerido do mundo.

Se a economia real fosse ensinada, o socialismo desapareceria. Os estudantes veriam exactamente o que está errado com este país e começariam a procurar onde colocar a culpa.

Enquanto nós, como nação, permitirmos a subversão ilegal da nossa soberania através de decisões políticas e económicas e nos submetermos a instituições monetárias supranacionais como o FMI e o Banco de Pagamentos Internacionais, enquanto a Ordem dos Advogados Americana, os "nossos" advogados, o "nosso" governo, os "nossos" membros do Congresso e a "nossa" economia privada continuarem a ceder a estas agências monetárias subversivas, estas instituições financeiras supranacionais, o nosso país estará condenado.

Não deveríamos ter de agradar a uma instituição supranacional, nem deveríamos ter de jogar segundo as regras que ela nos quer ditar. Ainda recentemente, vimos mais uma vez como o Congresso alinhou com o plano maléfico de salvar aquele desprezível instituto de inspiração Laski-Keynes e socialista chamado Fundo Monetário Internacional.

Temos de ensinar aos nossos cidadãos exactamente o que se está a passar com o FMI e o Clube de Roma. A economia não é um assunto tão complicado. Uma vez entendidos os princípios, é bastante fácil de seguir. Deixem-me dar-vos alguns exemplos de como nos traímos, permitindo que os ditames das organizações internacionais supranacionais socialistas se apoderem da nossa nação como um cancro.

Tomemos o período imediato do pós-guerra da Segunda Guerra Mundial: cerca de 62% da nossa mão-de-obra nacional trabalhava quer na produção de bens materiais quer no transporte desses bens. Hoje em dia, se utilizarmos estatísticas oficiais - que são muito pouco fiáveis na melhor das hipóteses - menos de 30% da nossa mão-de-obra está empregada a este nível. O desemprego é de cerca de 20%. A mudança na composição do emprego da mão-de-obra nacional é a causa subjacente da inflação. Este é o principal problema.

Se olharmos para a história, particularmente a década de 1870, vemos uma diminuição geral no custo de produção de bens, um ciclo deflacionário no avanço da produção de riqueza, causado principalmente pela influência do sistema americano de economia política, promovendo o progresso tecnológico sob a forma de avanço industrial e aumento da produtividade agrícola. Mas desde que o sistema de troca de ouro de Londres assumiu o controlo dos assuntos monetários mundiais nas mãos de um punhado de pessoas na década de 1880, seguiram-se depressões terríveis em rápida sucessão, intercaladas por longas espirais de inflação.

Este é o produto directo das forças malthusianas que controlam este mundo e estão associadas às doutrinas de John Stewart Mill, Harold Laski e John Maynard Keynes. As políticas da chamada economia de mercado livre não fazem mais do que aumentar o investimento especulativo em formas fictícias de capitalização de renda e usura por parte dos financiadores de rentistas à custa do investimento em tecnologia real e da produção progressiva real de bens reais e tangíveis.

É por isso que digo a todos os meus amigos: "Fica longe da bolsa de valores". A bolsa de valores é um espaço fictício para investimentos especulativos, e não é um espaço onde se investe dinheiro em progresso tecnológico para a produção de bens tangíveis de uma forma progressiva e ordenada.

Por conseguinte, a bolsa de valores deve entrar em colapso. Não pode ser sustentado para sempre, nem pode ser mantido para sempre. É uma bolha de ar quente, que um dia será deflacionada e, quando isso acontecer, muitos sofrerão as consequências.

O truque é conseguir que as pessoas ouçam agora, antes que isso aconteça. Sob o impulso do Clube de Roma, o fluxo de crédito passou da produção de bens e da produção agrícola para formas de investimento financeiro não produtoras de bens. Naturalmente, isto criou enormes problemas para o país.

A mudança na composição dos fluxos financeiros e de emprego tem sido a causa tanto de grandes depressões periódicas como de movimentos inflacionistas de longo prazo incorporados no que é hoje o nosso sistema económico. Não era minha intenção transformar este artigo numa declaração de factos económicos, mas por vezes é necessário trazer estas coisas à nossa atenção. Existe hoje uma força maligna em acção na América, e chama-se socialismo, em nome da qual o Clube de Roma actua.

É uma organização dedicada à destruição dos Estados Unidos da América, tal como a conhecemos. É uma organização dedicada ao advento da Nova Ordem Mundial na qual os chamados poucos privilegiados, o Comité dos 300, governarão o mundo.

O nosso destino será certamente selado, a menos que possamos reunir homens de boa vontade e forçar uma mudança nas políticas do nosso governo. Isto só pode ser feito limpando a casa, limpando os estábulos de Augias e livrando-se de organizações secretas como o Clube de Roma, para que não sejam mais capazes de ditar o curso dos acontecimentos e controlar o futuro deste grande país. Até o fazermos, estamos a caminho da escravatura num governo mundial único - a Nova Ordem Mundial.

Já publicado

Já publicado

OMNIA VERITAS
OMNIA VERITAS LTD APRESENTA:
POR
JOHN COLEMAN
DIPLOMACIA POR ENGANO
UM RELATO DA CONDUTA DE TRAIÇÃO DOS
GOVERNOS DA GRÃ-BRETANHA
E DOS ESTADOS UNIDOS
JOHN COLEMAN
DIPLOMACIA POR ENGANO
A história da criação das Nações Unidas é um caso clássico da diplomacia do engano

OMNIA VERITAS
OMNIA VERITAS LTD APRESENTA:
por John Coleman
A HIERARQUIA DOS CONSPIRADORES
HISTÓRIA DO COMITÊ DE 300
JOHN COLEMAN
A HIERARQUIA DOS CONSPIRADORES
HISTÓRIA DO COMITÊ DE 300
Esta conspiração aberta contra Deus e o homem inclui a escravidão da maioria dos humanos...

OMNIA VERITAS
OMNIA VERITAS LTD APRESENTA:
INSTITUTO TAVISTOCK
de RELAÇÕES HUMANAS
Moldando o declínio moral,
espiritual, cultural, político e econômico
dos Estados Unidos da América
por John Coleman
Sem o Tavistock, não
teria havido as Guerras
Mundiais I e II.
JOHN COLEMAN
INSTITUTO TAVISTOCK
de RELAÇÕES HUMANAS
Os segredos do Instituto Tavistock para as Relações Humanas

OMNIA VERITAS
OMNIA VERITAS LTD APRESENTA:
MAÇONARIA
de A a Z
por John Coleman
No século XXI, a Maçonaria tornou-se menos uma sociedade secreta do que uma "sociedade de segredos"
Este livro explica o que é a Maçonaria
JOHN COLEMAN
MAÇONARIA DE A A Z

OMNIA VERITAS
OMNIA VERITAS LTD APRESENTA:
A DINASTIA ROTHSCHILD
por John Coleman
Os acontecimentos históricos são frequentemente causados por uma "mão escondida"
JOHN COLEMAN
A DINASTIA ROTHSCHILD

OMNIA VERITAS
OMNIA VERITAS LTD APRESENTA:
PARA ALÉM da CONSPIRAÇÃO
DESMASCARAR O GOVERNO MUNDIAL INVISIVEL
por John Coleman
Todos os grandes acontecimentos históricos são planeados em segredo por homens que se rodeiam de total discrição
Os grupos altamente organizados têm sempre uma vantagem sobre os cidadãos
JOHN COLEMAN

www.ingramcontent.com/pod-product-compliance
Lightning Source LLC
Chambersburg PA
CBHW072205270326
41930CB00011B/2542
* 9 7 8 1 8 0 5 4 0 0 3 9 4 *